四大公害病と
環境問題

健康被害を
引き起こす公害

大気汚染・水質汚濁・土壌汚染

監修　崎田裕子

きれいな大気を取り戻すために

監修 崎田裕子

「急激に発展するアジアの国々で、空がかすむなどの大気汚染が深刻になっている地域がある……。」というニュースを見たり聞いたりしたことはありませんか。この背景として、工場や自動車などによる排出ガスの規制が、経済の発展するスピードに追いついていない現状があるにちがいありません。

しかし、他人ごとではありません。日本も、1950年代半ばから1970年代前半の高度経済成長期といわれる時代には、工業地域に住む大勢の人にぜんそくが発症し、1962（昭和37）年の冬には東京など首都圏でスモッグが発生して、校庭で運動中の小中学生が倒れるなどの被害がでたのです。

さまざまな公害に対処するため、日本では1967（昭和42）年に公害対策基本法が制定され、維持するのが望ましい環境基準が規定されました。しかし、急増する自動車の排出ガスや粉じんなどによる大気汚染が激しくなり、「きれいな大気を取り戻そう」という社会の声が強くなりました。

1982（昭和57）年には、環境基準を上回る二酸化窒素や浮遊粒子状物質による大気汚染がぜんそくの原因だと、患者や遺族の方々が企業や道路を管理する国などを相手取り「川崎公害訴訟」を起こしましたが、和解には17年もかかりました。そして、和解後も、訴訟を起こした方々は環境を守るための活動を継続されています。

悪化した環境を改善するには多くの人々の長い取り組みが必要です。国も公害対策を進める環境庁（のちの環境省）を1971（昭和46）年に発足させており、1993（平成5）年には環境基本法を制定しました。その間、1973（昭和48）年には公害健康被害補償法を制定し、1988（昭和63）年からは予防事業も開始しています。

この『健康被害を引き起こす公害』の巻では、『四大公害病』の巻で紹介した四大公害病の原因となった大気汚染（四日市ぜんそく）と、水質汚濁（水俣病、イタイイタイ病、新潟水俣病）、土壌汚染について、その発生原因や歴史、影響、防止対策などを深堀りします。

そして、『生活環境をそこなう公害』の巻では、「大気汚染」「水質汚濁」「土壌汚染」と共に、環境基本法で典型7公害として定義された「騒音」「振動」「地盤沈下」「悪臭」を特集し、『新しい公害と環境問題』の巻では、交通公害や有害物質などにおける新たな課題と地球環境問題をあつかいます。

気候変動など、地球規模の環境問題はますます厳しくなっています。しかし、1980年代に大問題になった「オゾン層の破壊」は、各国が冷媒対策などを進めた結果、少しずつではありますが、回復してきています。これまでの公害の経験を継承し、今後の地球環境対策への覚悟と意欲がつながることを願っています。

目次

この本の使い方

　このシリーズ「四大公害病と環境問題」は、さまざまな公害問題を通じて現在問題となっている環境問題を見つめなおし、これからどう行動すべきかを考えるために制作しています。

　『健康被害を引き起こす公害　大気汚染・水質汚濁・土壌汚染』の巻では、環境基本法で定められている典型7公害のうち、直接的な健康被害を引き起こす公害をおもに取り上げます。

　このシリーズを読んでいただくにあたっての重要なキーワードを紹介します。

①「四大公害病」

　……以下の4つの公害病のこと。
　　水俣病・イタイイタイ病・
　　四日市ぜんそく・新潟水俣病

②「典型7公害」

　……以下の7つの種類の公害のこと。
　　大気汚染・水質汚濁・土壌汚染・
　　騒音・振動・地盤沈下・悪臭

　現在では、典型7公害にふくまれない公害も発生していますが、これについては『新しい公害と環境問題　交通公害・日照不足・有害物質ほか』の巻でくわしく解説しています。

　この本の巻末には、「大気汚染患者の治療と予防に向けて —公害健康被害補償制度—」、「京浜工業地帯の大気汚染対策に取り組む川崎市 —ぜんそく患者らを支援する—」を掲載しています。資料として利用してください。

本文中のきまりごと

（➡○○ページ）⇒関連記事が載っているページを示す。

（■○○）⇒関連する巻を示す。書名は以下のように省略している。

『四大公害病　水俣病・イタイイタイ病・四日市ぜんそく・新潟水俣病』
　　　　　　　　　　　⇒『四大公害病』
『健康被害を引き起こす公害　大気汚染・水質汚濁・土壌汚染』
　　　　　　　　　　　⇒『健康被害を引き起こす公害』
『生活環境をそこなう公害　騒音・振動・地盤沈下・悪臭』
　　　　　　　　　　　⇒『生活環境をそこなう公害』
『新しい公害と環境問題　交通公害・日照不足・有害物質ほか』
　　　　　　　　　　　⇒『新しい公害と環境問題』

※⇒本文中の※印がついている用語は、欄外で意味や引用元などを説明している。

地図で見る公害

　1960〜1990年代は、公害が全国で発生し、被害を受けた方々や地域の人たちは苦労しながら、公害問題の解決に取り組みました。この地図では、その主な地域を紹介しています。右の表では、それぞれの公害の原因や、関連する巻などを掲載しています。

❸ 大阪国際空港騒音
（大阪府・兵庫県）

❹ 西淀川公害
（大阪府・兵庫県）

❺ 北九州地区公害
（福岡県）

❽ 四日市ぜんそく
（三重県）

❼ 倉敷公害（岡山県）

❻ 水俣病（熊本県・鹿児島県）

番号	名称／都道府県名	典型7公害分類	原因など	関連する巻
1	新潟水俣病／新潟県	水質汚濁	四大公害病のひとつ。工場排水にふくまれるメチル水銀による水質汚濁。	『四大公害病』
2	イタイイタイ病／富山県	水質汚濁	四大公害病のひとつ。鉱山の排水にふくまれるカドミウムによる水質汚濁。	『四大公害病』
3	大阪国際空港騒音／大阪府・兵庫県	騒音	大阪国際空港に離着陸する飛行機の騒音。	『生活環境をそこなう公害』
4	西淀川公害／大阪府・兵庫県	大気汚染	大阪市西淀川区にある工業地帯の工場や道路からの大気汚染。	『健康被害を引き起こす公害』
5	北九州地区公害／福岡県	大気汚染水質汚濁	北九州工業地帯のばい煙による大気汚染、および排水によりヘドロが海底に蓄積。	『健康被害を引き起こす公害』
6	水俣病／熊本県・鹿児島県	水質汚濁	四大公害病のひとつ。工場排水にふくまれるメチル水銀による水質汚濁。	『四大公害病』
7	倉敷公害／岡山県	大気汚染水質汚濁	水島コンビナートから排出された亜硫酸ガスなどによる大気汚染、排水による水質汚濁。	『健康被害を引き起こす公害』
8	四日市ぜんそく／三重県	大気汚染	四大公害病のひとつ。工業地帯のばい煙にふくまれる亜硫酸ガスによる大気汚染。	『四大公害病』
9	名古屋新幹線騒音公害／愛知県	騒音振動	名古屋市内を通る東海道新幹線による騒音と振動。	『生活環境をそこなう公害』
10	田子の浦港ヘドロ公害／静岡県	水質汚濁	製紙工場からの排水により大量のヘドロが海底に蓄積する水質汚濁。	『健康被害を引き起こす公害』
11	川崎公害／神奈川県	大気汚染	京浜工業地帯の中心にある川崎市での大気汚染。	『健康被害を引き起こす公害』
12	杉並光化学スモッグ／東京都	大気汚染	大気汚染による日本で最初の光化学スモッグ。	『健康被害を引き起こす公害』
13	牛込柳町鉛中毒／東京都	大気汚染	自動車の排気ガスによる大気汚染。住民の体内から高い濃度の鉛が検出された。	『健康被害を引き起こす公害』
14	川崎製鉄千葉ばい煙／千葉県	大気汚染	川崎製鉄千葉製鉄所からのばい煙による大気汚染。	『健康被害を引き起こす公害』
15	江戸川漁業被害／東京都・千葉県	水質汚濁	本州製紙江戸川工場からの汚水による漁業被害。	『健康被害を引き起こす公害』
16	安中公害／群馬県	水質汚濁	東邦亜鉛からの排水にふくまれるカドミウムによる水質汚濁。	『健康被害を引き起こす公害』

❶ 新潟水俣病（新潟県）

❷ イタイイタイ病（富山県）

⓰ 安中公害（群馬県）

⓮ 川崎製鉄千葉ばい煙（千葉県）

⓯ 江戸川漁業被害（東京都・千葉県）

⓭ 牛込柳町鉛中毒（東京都）

⓬ 杉並光化学スモッグ（東京都）

⓫ 川崎公害（神奈川県）

❿ 田子の浦港ヘドロ公害（静岡県）

❾ 名古屋新幹線騒音公害（愛知県）

大気汚染とは

大気汚染とは、地球を取り巻いている空気の層（大気）がよごれてしまうことです。大気をよごす物質を「大気汚染物質」と呼びます。大気汚染物質の発生源は、工場の煙や自動車の排出ガスなど、人間の活動によるものと、火山活動や森林火災などの自然現象によるものに分けられます。近年は、多くの汚染物質がまじり合い、新たな大気汚染物質も生まれています。

大気汚染の原因

大気汚染は、火山の噴火などの自然現象で引き起こされることもありますが、人間の社会活動によって起きることがほとんどです。工場などから排出される煙、物の運搬や人の移動に使われる自動車の排出ガスなどには、大気汚染物質がふくまれています。それらが大量に空気中に広がることで大気汚染が進みます。

たとえば、1960年ごろから起きた四日市ぜんそく（📖『四大公害病』30ページ）は、工業地帯から大量に出された煙にふくまれる大気汚染物質が原因でした。汚染物質が風に乗って運ばれ、工場の近くでは、ぜんそくなどの病気にかかって苦しむ人が多くいました。

1960年代ごろから1970年代にかけて、工場から[※1]二酸化硫黄（SO_2）などが大量に排出され、工業地帯を中心に、大規模な大気汚染が発生しています。また、[※2]ディーゼル車からの排出ガスにふくまれる[※3]二酸化窒素（NO_2）や「浮遊粒子状物質（SPM）（➡7ページ）」なども、環境汚染や健康被害をもたらしています。

ほかにも、工場や自動車から出される大気汚染物質が、夏の強い紫外線の影響で、化学反応を起こして光化学スモッグを発生させたり、偏西風に乗って大陸から運ばれてくる黄砂によって、大気汚染が起きたりしています。

目で確認できる大気汚染
2019年3月27日に観測された東京の光化学スモッグ。

※1 二酸化硫黄（SO_2）：硫黄分をふくむ石油や石炭などが燃えると発生する気体で、亜硫酸ガスともいわれる。
※2 ディーゼル車：軽油を燃料として、ディーゼルエンジンで走る車。大型トラックやバスなどに多い。
※3 二酸化窒素（NO_2）：ものが高温で燃えたとき、空気中の窒素と酸素が結びついて発生する気体。

大気汚染を引き起こす原因と主な大気汚染物質

夏の強い紫外線で、大気汚染物質が化学反応を起こし、光化学スモッグを発生させる。

自動車の排出ガス、工場などの煙、乾燥した土からふき上げられた砂ぼこりなどには、二酸化硫黄(SO_2)、二酸化窒素(NO_2)などの大気汚染物質がふくまれている。それらが大気中で化学反応を起こすと、酸性雨がふったり、光化学オキシダントが発生して白いもやがかかったような状態(光化学スモッグ)になったりする。

光化学スモッグ
大気中に光化学オキシダント(O_x)(➡14ページ)がただよい、濃度が高くなると、光化学スモッグになる。

酸性雨

浮遊粒子状物質(SPM)
微小粒子状物質(PM2.5)

二酸化硫黄(SO_2)
二酸化窒素(NO_2)
揮発性有機化合物(VOC)(➡8ページ)

自動車の排出ガス
工場などの煙
砂ぼこりなど

浮遊粒子状物質(SPM)と微小粒子状物質(PM2.5)

浮遊粒子状物質(SPM)は、大気中にただよう粒子(細かいつぶ)状物質(PM)の中で、つぶの直径が 10μm(0.01mm)以下のものをいいます。英語では "Suspended Particulate Matter" と書き、頭文字を取って「SPM」と表します。とても小さいつぶのため、大気中に長くとどまって、呼吸器などに悪い影響をあたえます。

SPM には、工場などから出される「ばいじん」や「粉じん」(➡8ページ)、ディーゼル車の排出ガスにふくまれる黒煙など、人間の活動によって発生するものと、風にふき上げられる砂ぼこりのように、自然発生するものがあります。また、発生源から直接大気中に出されるもの(一次粒子)と、ガス状の物質として排出されたものが大気中で化学反応を起こして変化したもの(二次粒子)に分けられます。

一方、大気汚染物質の中で直径 2.5μm(0.0025mm)以下の粒子状物質は、「微小粒子状物質(PM2.5)」といいます。また、大気中に排出されたばいじんや、粉じんなどの粒子状物質のうち、直径 10μm 以上の重い粒子のことは※「降下ばいじん」といいます。

PM2.5 は SPM より小さく、肺のおくまで入りこんでしまうため、ぜんそくや気管支炎など、呼吸器系の病気を引き起こす確率が高いという研究報告がアメリカで発表されています。日本では、人の健康と生活環境の安全を保つために望ましい基準として、1973(昭和48)年に SPM などの大気汚染にかかわる環境基準が、2009(平成21)年には PM2.5 の環境基準が定められ、環境の監視や対策が進められてきました(➡17ページ)。

※降下ばいじん:重力や雨で地上におり、量が多いと、住宅の壁、物ほしざおがよごれ、窓わくに黒い粉がたまるなどの被害がある。つぶの大きな降下ばいじんは、人体にあまり影響はないといわれる。

大気汚染物質の種類と発生源

　大気汚染物質にはいろいろな種類があり、発生源もさまざまです。自然に発生する「自然発生源」には、火山、砂漠の砂（黄砂）、大規模な森林火災などがあります。

　人間の社会活動による発生源は、工場などのように移動しない「固定発生源」と、自動車のように移動する「移動発生源」に分かれます。

　大気汚染物質の状態は、ガス（気体）もあれば、粒子（細かいつぶ状の物質）もあります。気体の中に浮いている細かい固体や液体のつぶ状の物質は「エアロゾル粒子」と呼ばれています。

　大気汚染物質は、環境や健康にさまざまな害をあたえることがあります。日本では、1968（昭和43）年に「大気汚染防止法」が定められ、工場などから出される大気汚染物質が規制されました（➡ 16、17ページ）。さらに指定された地域での全体量を規制する総量規制や、自動車の排出ガスの許容限度が設定されるなど、大気汚染をふせぐ取り組みが行われています。

大気汚染防止法で規制されている大気汚染物質

固定発生源　工場、事業場、一般家庭など

- ばい煙
  - 硫黄酸化物（SOx）
  - ばいじん（すすなど）
  - 有害物質
    - 窒素酸化物（NOx）
    - カドミウムとその化合物
    - 塩素、塩化水素
    - フッ素、フッ化水素、フッ化ケイ素
    - 鉛とその化合物
  - 特定有害物質（未指定）

- 粉じん
  - 一般粉じん
    - セメント粉
    - 石灰粉
    - 鉄粉など
  - 特定有害物質
    - 石綿

特定物質

化学合成、分解その他の科学的な処理にともなって発生する物質のうち、人の健康や生活環境に被害が出るおそれのある物質28種類。

揮発性有機化合物（VOC）

大気中に排出したり飛び散ったりしたときに気体になる有機化合物。

有害大気汚染物質

有害大気汚染物質に当てはまる可能性のある物質248種類。
- 優先的に対策に取り組むべき物質は、23種類。
　そのうち、早急に排出抑制をすべき指定物質は、ベンゼン、トリクロロエチレン、テトラクロロエチレンの3種類。

移動発生源　自動車、船、航空機、鉄道車両など

- 自動車排出ガス
  - 一酸化炭素（CO）
  - 炭化水素（HC）
  - 鉛化合物
  - 窒素酸化物（NOx）
  - 粒子状物質（PM）

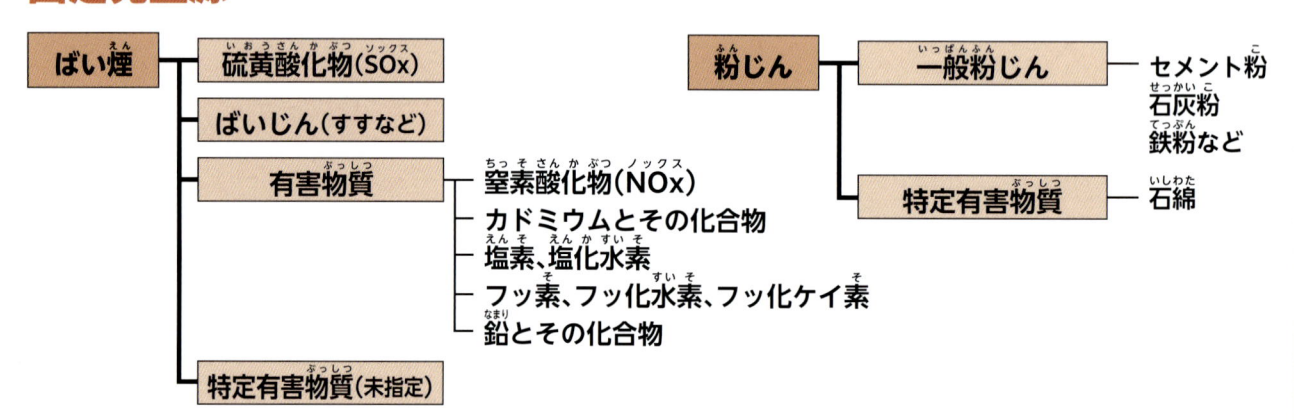

出典／独立行政法人 環境再生保全機構「大気汚染防止法で定める大気汚染物質」をもとに作成。

大気汚染物質の発生施設

大気汚染物質の主な固定発生源は、ボイラーや焙焼炉、廃棄物焼却炉などの施設を持つ工場や事業場です。それらの場所から発生する大気汚染物質が、硫黄酸化物（SOx）、すすなどの「ばいじん」、窒素酸化物（NOx）といった物質で、これらを総称して「ばい煙」といいます。

大気汚染防止法では、「ばい煙」や「粉じん」を発生させるおそれがある施設のうち、一定の大きさ以上のものを、「ばい煙発生施設」、「粉じん発生施設」とすることが、政令によって決められています。これらの施設は、工場や事業場にその施設が設置されていることを都道府県知事に届け出なければなりません。

2024年現在、「ばい煙発生施設」にはボイラー、廃棄物焼却炉などの32種類の施設が定められています。環境省の大気汚染防止法施行状況調査によると、2022（令和4）年度末の「ばい煙発生施設」の総数は201,568で、そのうち、届け出をした施設を持つ工場・事業場数は81,318でした。

下の2つのグラフは、2020（令和2）年度のばい煙の一種である硫黄酸化物（SOx）排出割合を業種と施設の種類に分けて見たものです。業種では電気業が群をぬいて多く、施設の種類ではボイラーが最多です。

自動車など、発生場所が移動する移動発生源による大気汚染物質の種類も、固定発生源とあまり変わりません。ところが、大都市では、自動車から排出される窒素酸化物（NOx）や浮遊粒子状物質（SPM）による大気汚染が目立って増えてきているため、対策が進められています（→ 17 ページ）。

業種別・施設種類別の硫黄酸化物（SOx）の排出割合〈2020（令和2）年度〉

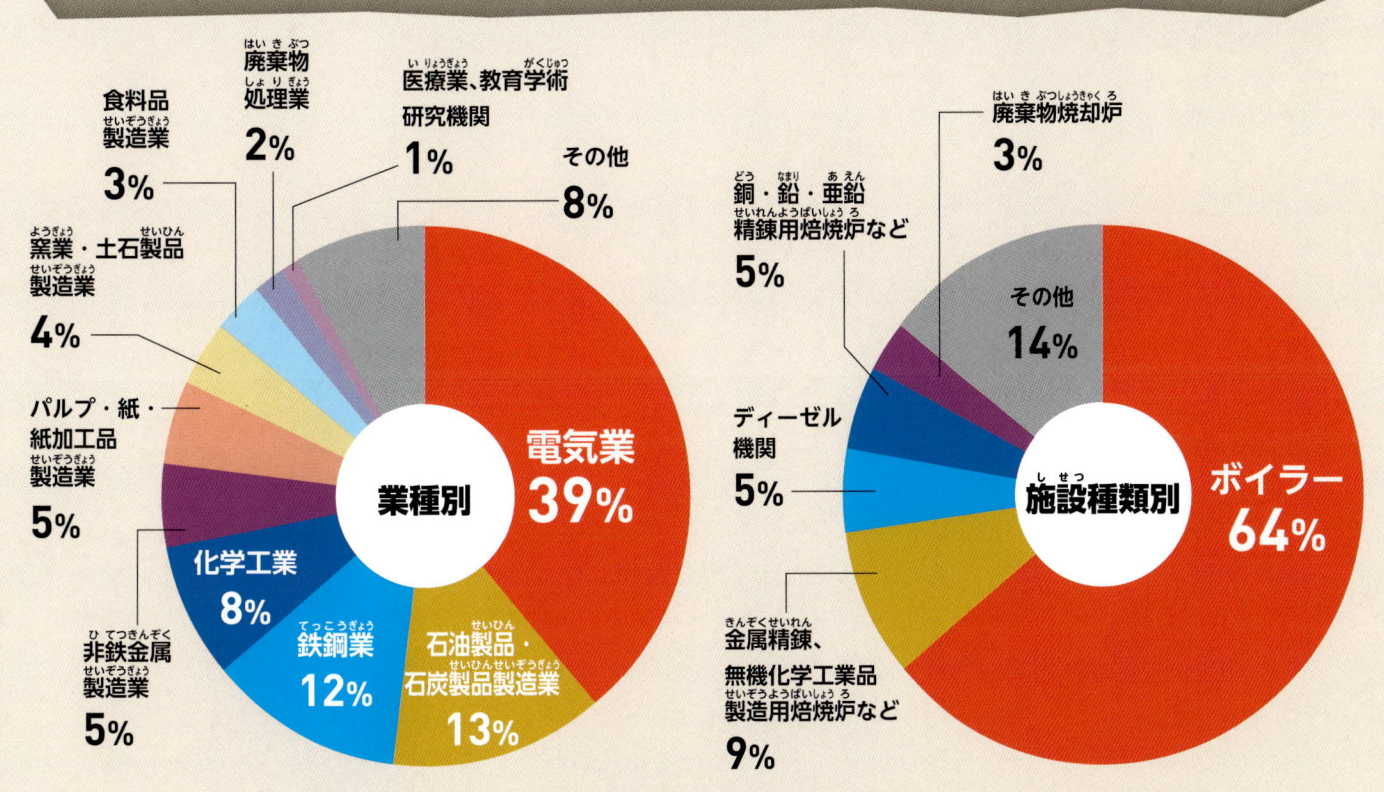

上の2つのグラフは、ばい煙の一種である硫黄酸化物（SOx）の排出量。業種別では、電気業が全体の39％で最多。施設種類別では、ボイラーが64％で、全体の約3分の2をしめている。

出典／環境省の「大気汚染物質排出量総合調査」（令和2年度実績）をもとに作成。

日本の大気汚染の歴史

広がった産業型の大気汚染

　まだ「公害」という言葉が定着していなかった明治時代の初め、日本は経済力を高めて、強力な軍隊を持つことを目指しました。政府は、産業をさかんにして生産力を上げる「殖産興業」の政策を行い、工業化が進められました。

　そうした中、工場から排出されるばい煙などが大気汚染を引き起こし、社会問題になりました。第二次世界大戦後は、日本経済の発展とともに、大気汚染が人の健康を害する深刻な環境汚染につながっていきます。それを受けて、1967（昭和42）年に※公害対策基本法がつくられました。その後、大都市を中心にした、都市・生活型大気汚染（➡12ページ）や、地球温暖化が深刻な問題となり、地球規模での環境問題への取り組みが始まりました。

大気汚染の歴史

年代	できごと
1900年前後〜	栃木県の足尾銅山で亜硫酸ガスの排出、愛媛県の別子銅山の煙害、茨城県の日立鉱山の煙害など、各地で大気汚染問題が発生する。
1945〜1950（昭和20〜25）年	工場地帯で、ばい煙や鉄粉が排出される。
1950（昭和25）年前後	東京、大阪、神奈川で公害防止条例を制定。
1960（昭和35）年ごろ	四日市ぜんそくの被害が深刻になる。
1967（昭和42）年	公害対策基本法の制定。
1968（昭和43）年	大気汚染防止法の制定。
1993（平成5）年	環境基本法の制定。
1997（平成9）年	地球温暖化防止京都会議（COP3）にて京都議定書が採択される。
1998（平成10）年	地球温暖化対策推進法の制定。
1999（平成11）年	PRTR法（化学物質排出・把握管理促進法）、ダイオキシン類対策特別措置法の制定。
2009（平成21）年	PM2.5に関する環境基準の設定。
2011（平成23）年	東日本大震災。東京電力福島第一原子力発電所事故が発生する。

近代化による大気汚染の始まり（明治、大正時代）

　明治維新が始まった1868（明治元）年から1912（大正元）年にかけて、日本はヨーロッパ

愛媛県新居浜市の別子山につくられた別子銅山。1691（元禄4）年に開かれて栄えたが、1893（明治26）年、製錬所の煙で発生した亜硫酸ガスが煙害となって山は荒れ、農作物に被害が出た。その後、製錬所の移転や研究開発により煙害を完全に解決し、大規模な植林による森の再生などが行われ、現在ではもとの自然にもどっている。写真は1881（明治14）年に撮影されたもの。

写真提供／住友史料館

※公害対策基本法：公害防止策の基本となる法律。公害の責任は事業者だけでなく、国や地方自治体にもあると定めた。1993年に廃止され、「環境基本法」に引きつがれる。

住宅に隣接する三重県四日市市の石油化学コンビナート。1960年ごろ（昭和30年代半ば）、高度経済成長期の波に乗って、次々と関係施設がつくられた。工場から出る煙が大気汚染を引き起こし、のちに四日市ぜんそくの原因と認められる。

写真提供／四日市公害と環境未来館（撮影：澤井余志郎氏）

やアメリカにならって近代化を進め、都市の工業を発展させました。その時期に、大気汚染などの公害問題が起こり始めます。栃木県の足尾銅山鉱毒事件（➡ 22 ページ）、愛媛県の別子銅山の煙害、茨城県の日立鉱山の煙害が発生し、銅の精錬所がある地域で硫黄酸化物（SOx）の大気汚染が起きて、農林業や水産業に重大な被害がありました。1912（明治45）～ 1926（大正15・昭和元）年にかけては、繊維製品をつくる紡績業、銅精錬業、製鉄業が発展するにつれ、各地域で大気汚染が目立つようになります。大正時代には、火力発電所の建設や自動車交通による大気汚染も発生しました。

高度経済成長期の開始と大気汚染（1945 ～ 1964年）

第二次世界大戦後、日本は石炭を主なエネルギーとして工業の復興を果たしましたが、各地で降下ばいじん（➡ 7 ページ）や硫黄酸化物（SOx）を中心とした大気汚染問題を引き起こし、東京都や大阪府などでは公害防止条例が定められました。当時は石炭を燃やしたあとに出る黒煙、すすが問題になっていましたが、工場に集塵装置を入れることで改善されました。

しかし、日本の[1]高度経済成長期が始まる1950 年代半ば、全国の主な工業都市の住民に大気汚染が原因と考えられる呼吸器障害が発生します。大気汚染が最も悪化した 1955（昭和30）年ごろから 1965（昭和40）年ごろまでは、大気中に硫黄酸化物（SOx）やばいじんな

どがただよい、硫黄酸化物（SOx）の悪臭が立ちこめていた場所もありました。

公害が激化し対策が進む（1965 ～ 1974年）

1960 年代後半の日本の経済成長率は 10%を超え、エネルギー消費も増え続けました。この時期は大気汚染だけでなく、水質汚濁（➡ 18 ページ）、自然破壊、新幹線や自動車などの騒音・振動などの問題も深刻になっていきます。健康被害が産業活動によって引き起こされるということも明らかになってきました。

1968（昭和43）年、厚生省（現在の厚生労働省）は[2]イタイイタイ病の原因が、三井金属鉱業神岡鉱山亜鉛製錬所から神通川に流れた工場排水によるものと発表しました。また、[3]水俣病については、熊本県水俣湾周辺で日本窒素肥料株式会社（現在のチッソ株式会社）から出された排水、[4]新潟水俣病については、新潟県阿賀野川流域の昭和電工株式会社（現在の株式会社レゾナック・ホールディングス）の鹿瀬工場の排水が原因と発表され、原因物質は2 社ともに、メチル水銀であるとしました。

公害対策が総合的に進められる中、四日市公害（四日市ぜんそく）裁判で 1972（昭和47）年に、原告である被害者側の勝訴判決が出されました。それ以後、公害に対する損害賠償補償制度の方針を定めることが求められ、1973（昭和48）年に「公害健康被害補償法」（➡ 42、43 ページ）が制定されました。

[1] 高度経済成長期：経済成長率が高い時期。日本では、1950年代半ばから1973（昭和48）年ごろまでをいうことが多い。
[2] イタイイタイ病：（■『四大公害病』24ページ）　[3] 水俣病：（■『四大公害病』18ページ）　[4] 新潟水俣病：（■『四大公害病』36ページ）

都市・生活型大気汚染

都市特有の光化学オキシダント（1985～2000年）

日本の高度経済成長期時代、産業活動は都市部に集中していました。しかし、1985（昭和60）年以降、産業活動は地方へも分散され始めます。

こうした中で環境政策が進展し、企業も公害防止対策に努め、資源やエネルギーを節約していったことで、産業公害は落ち着きを見せます。二酸化硫黄（SO_2）の濃度は、環境基準を下回る 0.01ppm まで下がりました。

一方、窒素酸化物（NOx）による大気汚染は、1985 年以降、環境基準の達成状況が悪くなります。1998（平成 10）年度は、全国の自動車排出ガス測定局の 3 割以上が環境基準の上限 0.06ppm を超えました。また、浮遊粒子状物質（SPM）による大気汚染についても、環境基準の達成率は低い状況でした。

大気汚染が改善されない理由の一つは、地方から都市部への移住や移動です。大都市に人が集中して交通量が増え、自動車の排出ガスにふくまれている窒素酸化物（NOx）や浮遊粒子状物質（SPM）が大気汚染の悪化をまねいたのです。

このような「都市・生活型大気汚染」は、産業型の大気汚染に比べて、はっきりと影響が現れにくく、長い間、汚染状態が続くといった特徴があります。また、窒素酸化物（NOx）や揮発性有機化合物（VOC）は、太陽からの紫外線を受けて光化学反応を起こし、光化学オキシダントを発生させます（➡ 14 ページ）。この物質が大気中をただようと光化学スモッグになり、重症の場合は頭痛や発熱、呼吸困難などになるおそれもあります。

産業型の大気汚染とちがい、都市・生活型大気汚染は一人ひとりが発生源になり、同時に被害者にもなります。解決には、個人のエネルギー消費や生活のしかたを変えていく必要があります。

1980 年代前後から徐々に、産業型の公害の問題が解消されていきます。さらに、二酸化硫黄（SO_2）排出の環境基準を達成する地域が増えたことで、公害健康被害補償法が改正され、翌年には、大気汚染の影響で慢性気管支炎などが多発しているとされていた指定地域が全て指定解除されることになりました（➡ 42 ページ）。その一方で、都市・生活型大気汚染は悪化していきます。

1991年12月17日に撮影された東京都の南池袋交差点付近。自動車のエンジン音がはげしい騒音につながり、排出ガスは大気汚染の原因につながる。

写真提供／朝日新聞

チェコ北部に広がり、標高千数百mのゆるやかにうねる山々があるクルコノシェ国立公園。チェコ、ポーランドの国境をへだてる山地は、広範囲にわたって峰が黒ずんで見えるほど、山全体が枯れ木でおおわれている。ふりそそぐ硫黄酸化物（SOx）や粉じん、雨雪の酸性度を示す水素イオン濃度（pH）は、周辺の国の中で最も高かった。1991年8月1日に撮影。

写真提供／朝日新聞

地球規模の大気汚染へ

世界的に広がる環境問題（1990年代〜2000年）

　1960年代から1970年代の日本では、大気汚染や水質汚濁などの公害問題が深刻になりました。1980年代は、酸性雨や、成層圏（約10〜約50km上空）にあるオゾン層の破壊などが国際的な問題になりました。1990年代に入ると、環境問題が世界的な規模で広がりを見せます。

　大気汚染の被害や影響は、国や一定の地域にとどまらず、国境をこえて地球規模で影響が現れることがわかっています。そこで、国際社会は協力し合って、電気や水などのエネルギーをむだ使いせず、自動車での移動をへらし、適切にごみを分別するといった「持続可能な社会」を人類の共通の課題としました。

　現在、大気についての国際的な課題として、酸性雨やオゾン層の破壊、地球温暖化に対する環境問題への対策があげられます。オゾン層は、太陽の光にふくまれる有害な紫外線を吸収してくれます。オゾン層の破壊で紫外線量が多くなることは、人体の細胞を傷つけたり、動植物の成長をさまたげたりするなどの深刻な影響をもたらせます。また、地球温暖化は、石油や石炭、天然ガスなどの化石燃料を燃やすことで排出される二酸化炭素（CO_2）が最大の原因になっています。

　こうした人類共通の問題は、先進国と開発途上国が協力し合って取り組みを行う必要があります。多くの開発途上国では、都市の大気汚染なども問題になっています。開発途上国が今、直面している問題に対して、公害を克服してきた経験を持つ日本の協力が求められています。

大気汚染がもたらす影響

ばい煙などの影響

　ここでは、主にばい煙（➡8、9ページ）を発生させている大気汚染物質の特徴と影響について説明します。

硫黄の燃焼で発生する硫黄酸化物

　ばい煙の一種である硫黄酸化物（SOx）は、石油や石炭に不純物としてふくまれる硫黄分が燃えるときなどに発生する大気汚染物質です。硫黄酸化物の代表的なものは二酸化硫黄（SO_2）です。主に火力発電所や工場から出る煙にふくまれています。水にとけやすいため、酸性雨の原因になって生態系に影響をあたえたり、人ののどや気管支を刺激して、気管支炎やぜんそくを起こしたりします。

さまざまな発生源を持つ窒素酸化物

　窒素酸化物（NOx）は、燃料が高温で燃えるとき、大気中の窒素と酸素が結びついて発生します。窒素酸化物には、一酸化窒素（NO）や二酸化窒素（NO_2）などがあります。火力発電所や工場、家庭用ストーブなどから発生し、都市部では、自動車の排出ガスにふくまれる窒素酸化物で大気汚染が進みます。窒素酸化物がとけこんだ雨は酸性雨になります。また、高濃度の二酸化窒素を人が吸うと、のどの痛みやめまい、はき気、息苦しさなどの症状が出ます。

紫外線によって発生する光化学オキシダント

　光化学オキシダント（Ox）は、工場や自動車から排出される窒素酸化物（NOx）や、大気中で気体になる揮発性有機化合物（VOC）が、紫外線を受けて化学反応を起こして発生する酸化性物質の総称です。そのほとんどが※オゾンと呼ばれる物質です。光化学オキシダントは、上空にもやがかかった光化学スモッグを発生させます。大気中の光化学オキシダントの濃度が高くなると、目の痛みやはき気、頭痛などを引き起こします。また、植物の葉緑素をこわし、葉を変色させるなどの影響もおよぼします。

粒子状物質と浮遊粒子状物質

　粒子状物質（PM）とは、固体や液体の粒子（細かいつぶ）のことです。工場の煙にふくまれるばいじん、くだけた鉱物、鉱物のたい積物などから発生する粉じん、ディーゼル車の排出ガスにふくまれる黒煙のほか、風でふき上げられた砂ぼこりなどもふくみます。高度経済成長期（➡11ページ）には、干した洗たく物がよごれる被害もありました。高濃度の粒子状物質は、呼吸器系の病気やがんに関係があると考えられています。

　また、つぶの直径が $10\,\mu m$（0.01mm）以下の浮遊粒子状物質（SPM）は、大気中に長くとどまる性質があります。都市部での自動車の交通量が急に増えたことによって、浮遊粒子状物質による大気汚染が悪化しました。この大気汚染物質を吸いこむと、肺や気管に沈着しやすく、呼吸器への悪影響があります。浮遊粒子状物質は、がんや花粉症などとの関連性も指摘されています。

肺のおくまで入る微小粒子状物質(PM2.5)

　つぶの直径が $2.5\,\mu m$（0.0025mm）以下のものを微小粒子状物質(PM2.5)といいます。中国から偏西風に乗って飛来することが多く、とても細かい物質であるために、肺のおくまで入りこみやすい性質を持っています。

※オゾン：酸素が強い紫外線にあたったときや、植物の光合成などによって発生する気体。

光化学スモッグ注意報が連日発表されていた2009年の福岡市内。都市全体が白っぽくかすんでいるようすがよくわかる。

写真提供／朝日新聞

2009（平成21）年に微小粒子状物質の環境基準が設けられました。環境基準値以下を維持するための努力や義務が求められています。

人・生き物・環境への影響

大気汚染がもたらす重大な影響の一つは、健康被害です。大気汚染物質が体内に入ると、のどの痛みや頭痛、目に強い刺激などを感じます。日本では1960年ごろから発生しはじめた「四日市ぜんそく」が公害問題に発展しました。大気汚染は人や生き物、環境にどのような影響をあたえるのでしょうか。

呼吸器系の病気やがんのリスク

大気汚染物質の中でも非常に小さい微小粒子状物質（PM2.5）は、肺の細胞にまで入りやすく、ぜんそくや気管支炎などの呼吸器系の病気につながるおそれがあると指摘されています。また、肺がんになるリスクが上がるともい

われ、その影響を調べる調査・研究が進められています。

アレルギー症状が悪化する

大気汚染が原因で、花粉症などのアレルギー症状が悪化することが指摘されています。ただし、大気汚染物質が新たにアレルギーを発症させるのかどうかはわかっていません。日本の大気の環境はよくなっているので、アレルギーの発症リスクは高くないとの見方もあります。

自然環境や動植物にも影響する

大気汚染が引き起こす酸性雨は、魚などの水中生物の命を危険にさらすおそれがあります。大気汚染物質が植物を枯らし、森林の衰退をまねくという報告もあります。また、化石燃料の燃焼は※温室効果ガスの原因にもなり、地球温暖化に影響します。環境汚染や自然環境の変化で、絶滅危惧種に指定される野生動物がますます増えているといいます。

※温室効果ガス：大気中の二酸化炭素やメタンなどの地表から放出される赤外線を吸収しやすい気体。

大気汚染の状況と防止対策

大気汚染防止法の制定

　大気汚染防止法は、1962（昭和37）年に定められた「ばい煙規制法」を強力にする目的で、1968（昭和43）年につくられた法律です。ばい煙規制法によって、規制の対象地域や、ばい煙の排出基準が設けられたことで、一定の成果がありました。しかし、石油や石炭を燃やすことで発生する硫黄酸化物（SOx）や、さまざまな発生源を持つ窒素酸化物（NOx）（→ 14 ページ）などの規制がゆるく、健康被害が広がりました。

　そこで、1967（昭和42）年に環境基準（→17 ページ）を組み入れた公害対策基本法（→ 10ページ）（のちの※環境基本法）が制定されます。1968（昭和43）年からは、この環境基準の達成を目標に、大気汚染防止法による規制が実施されました。

　大気汚染防止法は、工場や事業場などの固定発生源（→ 8、9 ページ）から排出される大気汚染物質について、種類ごとに排出基準などを決めています。大気汚染物質を排出している工場は、この基準を守る責任があります。

※環境基本法：1993（平成5）年につくられた、環境の安全を保つための基本的な法律。地球規模の環境問題にも対応できるようにつくられている。

大気環境の監視測定体制

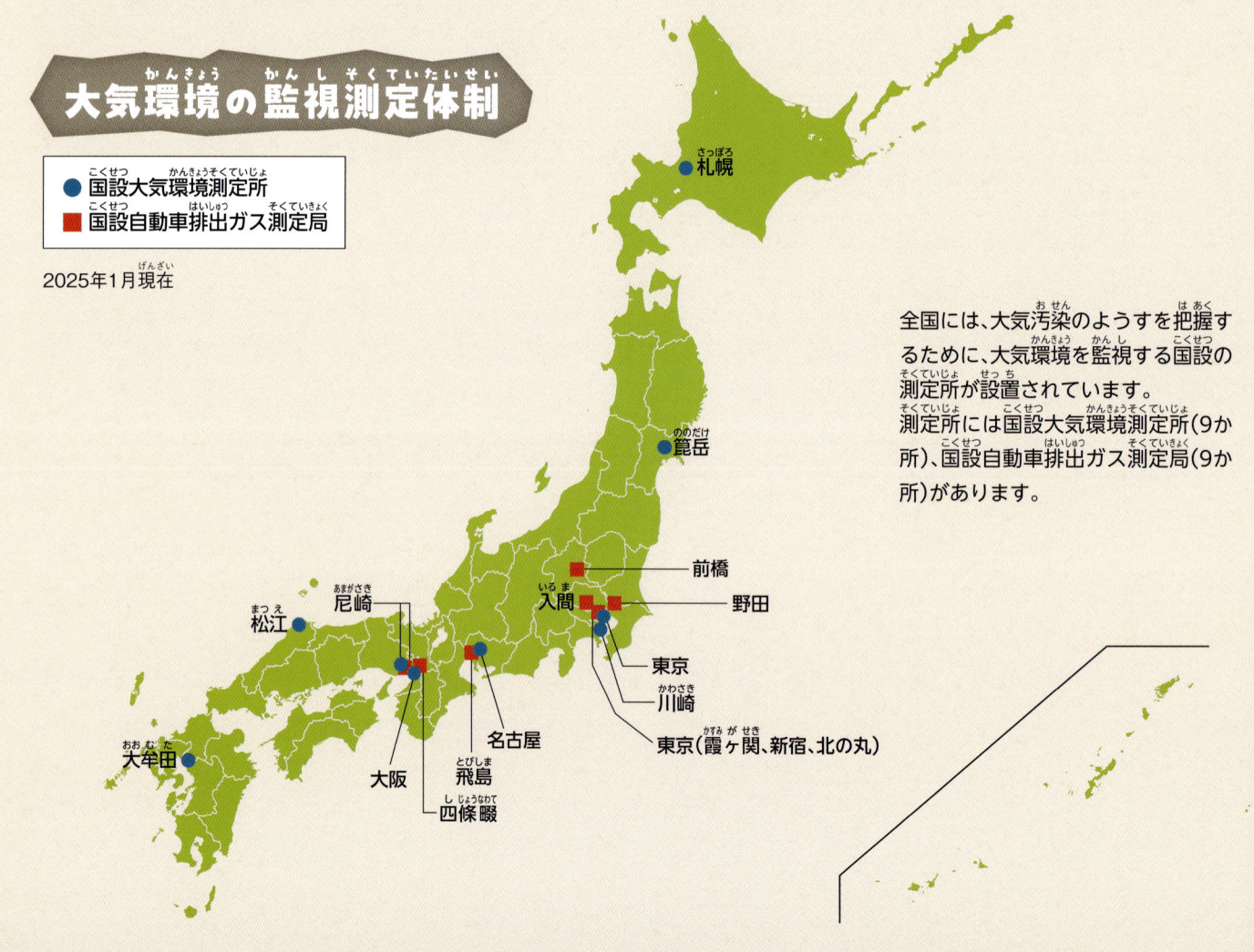

- ● 国設大気環境測定所
- ■ 国設自動車排出ガス測定局

2025年1月現在

　全国には、大気汚染のようすを把握するために、大気環境を監視する国設の測定所が設置されています。測定所には国設大気環境測定所（9か所）、国設自動車排出ガス測定局（9か所）があります。

札幌
篭岳
前橋
野田
尼崎
入間
松江
東京
川崎
大牟田
名古屋
飛島
大阪
四條畷
東京（霞ヶ関、新宿、北の丸）

大気環境基準の設定

環境基本法第16条では、大気汚染、水質汚濁、土壌汚染、騒音について環境基準が定められています。環境基準はそれぞれ、人の健康を保護する上で維持されることが望ましい基準として設けられました。大気汚染については、大気汚染の原因となる物質の排出量をどの程度に保つのか、目標を定めたものが環境基準です。

下の表は、重金属類や有害化学物質などの「有害大気汚染物質」をのぞいた大気汚染物質についての表です。二酸化硫黄、二酸化窒素、一酸化炭素、光化学オキシダント、浮遊粒子状物質、微小粒子状物質の6種類の大気汚染物質の環境基準を表しています。

大気汚染物質の排出規制

大気汚染物質の発生源には、自動車、船舶、航空機などの移動発生源もあります。特に近年は、自動車から排出される窒素酸化物（NOx）、浮遊粒子状物質（SPM）などによる大気汚染が悪化して問題になりました。

自動車からの排出ガスにふくまれる有害物質を規制する「自動車排出ガス規制」が設けられているほか、ハイブリッド車や電気自動車といった低公害車の開発・普及が進められています。また、自動車から自転車への切りかえ、電車やバスなどの公共交通機関への切りかえの促進も検討されています。

大気汚染にかかわる大気汚染物質の環境基準

資料／環境省

物質	環境基準	主な発生源と人や環境への影響
二酸化硫黄（SO_2）	※1 1時間値の1日平均値が0.04※2 ppm以下であり、かつ1時間値が0.1ppm以下であること。	主な発生源は火力発電所や工場の煙。公害病の原因や酸性雨の原因になる。
二酸化窒素（NO_2）	1時間値の1日平均値が0.04ppmから0.06ppmまでの間、またはそれ以下であること。	発生源は工場、自動車、家庭など、さまざま。呼吸器に影響し、酸性雨の原因になる。
一酸化炭素（CO）	1時間値の1日平均値が10ppm以下であり、かつ1時間値の8時間平均値が20ppm以下であること。	木炭や石炭などの燃料や物が不完全燃焼することで発生する。人体の酸素を運ぶ機能を害する。
光化学オキシダント（Ox）	1時間値が0.06ppm以下であること。	窒素酸化物や揮発性有機化合物が化学反応を起こして光化学スモッグを発生させ、頭痛を起こしたり、呼吸器に影響したりする。
浮遊粒子状物質（SPM）	1時間値の1日平均値が0.10※3 mg/m³以下であり、かつ1時間値が0.20mg/m³以下であること。	自動車の排出ガスやボイラーなどが発生源。大気中に長くとどまり、呼吸器への影響もある。
微小粒子状物質（PM2.5）	1年平均値が15μg/m³以下であり、かつ1日平均値が35μg/m³以下であること。	自動車、工場、焼却炉のほか、自然発生源のものもある。つぶの直径が2.5μm（0.0025mm）以下で呼吸器や肺に影響をあたえる。

※1 1時間値：測定結果から得られる1時間ごとの値。 ※2 ppm：容量比や重量比を表す単位で、ppm（"parts per million"）は100万分の1のことをいう。1m³の空気の中に1cm³ふくまれていることを1ppmという。 ※3 mg/m³：重量濃度（全体の体積に対し、重さで示す物質の濃さ）を表す単位。1m³の空気の中に1mgふくまれていることを1mg/m³という。

水質汚濁とは

水質汚濁とは、海や川、湖や沼、地下水などの水質が悪くなることです。主な原因は、工場などの産業排水、家庭から出る生活排水、地球の気候変動です。これらのほとんどは人間の活動によるものです。さまざまな対策が進んでいますが、今も汚染が進んでいる地域があります。水質汚濁の種類や発生源、人や環境への影響を知り、どうしたら汚染をふせげるのかを考えていきましょう。

水質汚濁の原因

人間をふくむ動植物が生きていくためには、きれいな水が必要です。しかし、環境が汚染され、水質汚濁が進んでいくと、海や川にすむ生物は生きていくことができなくなります。人の生活では、川や湖などから取られた水道水を飲み水などに使うことができなくなります。

たとえば、明治時代に渡良瀬川の流域で起きたアユの大量死は、足尾銅山から排出された重金属のカドミウムなどによる水質汚濁が原因です（→ 22 ページ）。また、家庭からの排水にふくまれる窒素やリンも、水質汚濁をまねきます。窒素やリンを吸収した植物プランクトンが増えすぎて、魚のえらにつまったり、海中が酸素不足になったりして、多くの魚が死にいたります。

東京湾へ流される廃液
東京湾へ流し出される真っ白い工場排水のあわ。神奈川県横浜市鶴見区の京浜運河にて。1970 年 8 月 8 日撮影。
写真提供／朝日新聞

水質汚濁の3つの原因

水質汚濁の原因は主に3つに分けられます。1つ目は産業排水で、工場や農場などから出る排水です。1950 年代、工場が毒性の強いメチル水銀を河口に流したことで起きた水俣病などのように、当時、水質汚濁は産業排水によるものが主な原因でした。しかし、今は排水処理の規制を整えるなど、産業排水への対策が強化されてきています。

2 つ目は、家庭から流れる生活排水です。現在は、産業排水よりも生活排水のほうが問題になっています。3 つ目は、地球の気候変動です。気温の上昇や豪雨、水不足などが海や川を汚染する原因になっています。

> **水質汚濁の原因**
> ❶ 産業排水
> ❷ 生活排水
> ❸ 気候変動

川や海がよごれていくと……

● 水道水に悪影響をあたえる。

● 川の中にすむ生き物がへったり、死んだりする。

● よごれが海へ流れると、生物への影響や、水産業（漁業や養殖産業など）への被害がある。

❸気候変動

強い雨がふると山林が荒れて、※1赤土が川へ流れ出る。

農地から農薬や赤土などが流出する。

開発工事で赤土が流出する。

家畜のふんなどのよごれた水が流出する。

川や海へごみをポイ捨てする。

❶産業排水

家庭から生活排水が流れる。

工場などからよごれた排水が流出する。

❷生活排水

海や川がよごれる主な原因は、長年、工場などの産業排水とされていたが、近年は個人の活動によって汚染が進んでいることがわかった。家庭から流される生活排水が大きな水質汚濁の原因になっているほか、一般市民が海や川にごみを捨てる「不法投棄」も多いため、一人ひとりが意識して水をよごさないように努力する必要がある。

海洋汚染の日本の現状

海上保安庁が毎年調査している「海洋汚染の現状」によると、2023（令和5）年の海洋汚染は397件で、前年度より71件減少しています。その海洋汚染全体の65%をしめるのが「油による海洋汚染」で、259件ありました。そのうち、船舶からの排出が半数以上をしめています。排出の原因の多くは、取りあつかいの不注意で、ほかに海難事故、送油管などの破損もあります。

「廃棄物による海洋汚染」は129件ありました。主な原因は不法投棄で、一般市民によるものが全体の67%をしめています。そのほか、漁業関係者や事業者による不法投棄もあります。廃棄物の内容は、一般市民では「家庭ごみや、魚介を加工した残り」、漁業関係者では「不

要になった漁網やロープ、船など」、事業者では「木材を燃やしたときに残った灰、産業廃棄物」がありました。

このような現状をふまえ、国は水質汚濁改善を目指し、海運業や漁業関係者に向けた海洋汚染についての講習会を開いたり、訪船・訪問による指導を行ったりしています。一般市民や若い人たちに対しても、不法投棄防止を呼びかけるとともに、廃棄物・海洋プラスチックごみなどが海洋環境にあたえる影響について、理解を深めてもらう活動に取り組んでいます。

※2世界では、生活排水の90%が未処理で流されています。特にアジアやアフリカの開発途上国では、排水処理率が低く、し尿管理や排水管理が進んでいません。また、水質汚濁が原因で、毎年350万人が死亡しています。日本の高い下水道技術が多くの国から期待されています。

※1 赤土：酸化鉄を多くふくむ赤色の土。海に流出すると水がにごり、水生生物や水産業などに影響をあたえる。 ※2 参考資料：東北大学教授原田秀樹「今、そこにある危機：途上国の"水と衛生"と下水処理の適正技術の開発」、国土交通省「下水道分野の国際展開に関する現状分析と課題」

水質汚濁の種類と発生源

水質汚濁は、「有害物質」「有機汚濁」「富栄養化」の3つの種類に分けられます。有害物質による水質汚濁は、カドミウムや鉛などの重金属類、農薬、プラスチックなどにふくまれる化学物質が原因で起こります。有機汚濁は、落ち葉や動物の死がい、食品の食べ残しが川などに流されることです。富栄養化は、水中に窒素やリンが増えすぎることで起こり、植物プランクトンが大量発生したり、水中のほかの生物に影響をあたえたりします。

①産業排水からの有害物質による汚染

工場で加工食品や製品をつくるときに使用した水の残りは、川や海に排出されます。この排水に有害な化学薬品がまざっていて、十分処理をされずに流されると、水中の魚なども汚染され、それを食べた人の体にも異常が現れます。水俣病（📖『四大公害病』18ページ）は、毒性の強い有害物質であるメチル水銀が産業排水として流されたことが原因です。

イタイイタイ病（📖『四大公害病』24ページ）も、有害物質が原因で起きました。カドミウムがふくまれた水が神岡鉱山から川に排出され、川の水を飲み、その水で育てられた農作物を食べた

人々が公害病で苦しみました。

昔、工場が建っていた土地に有害物質が残っている場合もあります。汚染されている土地の排水が土にしみこみ、地下水になって海や川に流れれば、水質汚濁につながります。

②生活排水によって海や川が富栄養化する

生活排水は、台所や風呂場、洗濯場、トイレなど、日常生活の中で排出される水のことです。生活排水には炊事、入浴、洗濯などで出る「生活雑排水」と、トイレの使用で出る「し尿」の2つがあります。下水道が整備されている地域の生活排水は、下水処理場で処理されて海や川などに流されます。下水道が整備されていない地域でも、多くの場合、し尿は[※1]浄化槽などで処理されます。台所などから出る生活雑排水は、食用油がまざるなど、処理されずに流されるものも多く、富栄養化をまねく水質汚濁の原因になっています。

生活排水による汚染状況は、「[※2]汚水処理人口普及状況」で知ることができます。2023（令和5）年度末の全国の汚水処理施設の処理人口は1億1,614万人ですが、汚水処理人口普及率は93.3％で、前年より生活排水の処理の割合が増えています。しかし、約830万人が汚水処理施設を利用できない状況で、未処理のまま生活排水が川に流されている地域がまだ多くあります。生活排水は規制がむずかしく、住民の生活排水に関しての罰則はありません。

③気候変動による富栄養化現象や水質の悪化

産業排水や生活排水に加えて、近年急増している水温上昇や渇水、豪雨など、現在、地球規模で起きている気候変動も水質汚濁の原因だといわれています。たとえば、温暖化の影響で水温が十分に下がらない湖や沼では、植物プランクトンのアオコが異常発生したり、酸素不足で水質が悪化したりしています。

生活排水の分類と1日1人当たりの負荷割合

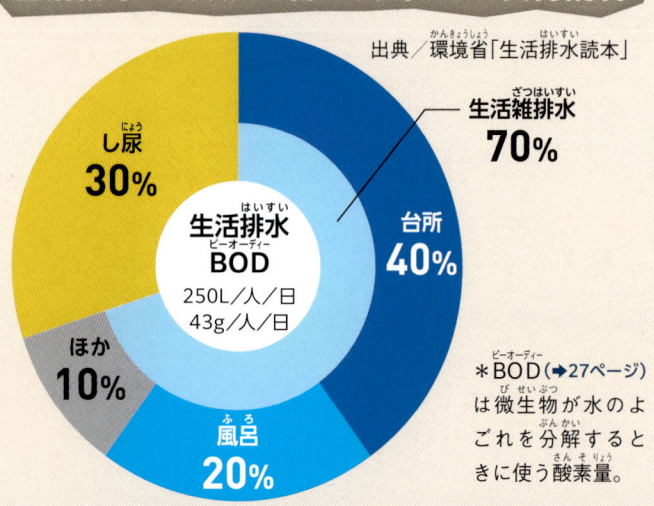

出典／環境省「生活排水読本」

- 生活雑排水 **70%**
- 台所 **40%**
- し尿 **30%**
- ほか **10%**
- 風呂 **20%**

生活排水 BOD 250L/人/日 43g/人/日

＊BOD（➡27ページ）は微生物が水のよごれを分解するときに使う酸素量。

※1 浄化槽：し尿と生活雑排水を微生物の働きで浄化処理する装置。集落排水施設などの普及率は農林水産省が、毎年合同で公表している。　※2 汚水処理人口普及状況：下水道は国土交通省、浄化槽は環境省、農業

水質汚濁の基準

水質汚濁には、大気汚染と同様に、環境基準が設けられています。この基準は、環境基本法第16条に定められていて、人の健康の保護と生活環境の保全のために維持されることが望ましい国の目標になっています。この環境基本法をもとに、人の健康の保護に関する「健康項目」と、生活環境の保全に関わる「生活環境項目」の内容や環境基準について見ていきましょう。

健康項目

水質汚濁の健康項目には、海、川、湖、沼、地下水の汚染を通じて、人の健康に有害とされる物質が指定され、全国一律の環境基準が定められています。基準を超えると、飲用水には向かないと判断されるほか、魚を食べることで影響が現れるおそれがあります。

下の表では、指定された物質の基準値を紹介しています。基準値の欄に「検出されないこと」と書かれているところもあり、きびしい基準が設けられていることがわかります。

生活環境項目

生活環境項目には、健康項目のような全国一律での基準値はありません。公共で利用されている水域の河川、湖沼、海域（区切られた範囲内の海面）について、利用目的ごとに基準値が定められています。

湖・沼の保全のための法律

湖や沼は「閉鎖性水域」と呼ばれ、水の循環が起こりにくいことから、汚濁物質がたまりやすい特徴があります。そのため、一度汚染されてしまうと改善がむずかしくなります。そこで1984（昭和59）年、湖と沼を保全していくための法律「湖沼水質保全特別措置法」が定められ、保全が必要な11の湖沼が指定されています（➡28ページ）。

健康項目（地下水のみもふくむ）

項目	基準値
カドミウム	0.003mg/L以下
全シアン	検出されないこと
鉛	0.01mg/L以下
六価クロム	0.02mg/L以下
ヒ素	0.01mg/L以下
総水銀	0.0005mg/L以下
アルキル水銀	検出されないこと
ポリ塩化ビフェニル（PCB）	検出されないこと
ジクロロメタン	0.02mg/L以下
四塩化炭素	0.002mg/L以下
塩化ビニルモノマー（地下水のみ）	0.002mg/L以下
1,2-ジクロロエタン	0.004mg/L以下
1,1-ジクロロエチレン	0.1mg/L以下
シス-1,2-ジクロロエチレン（公共用水のみ）	0.04mg/L以下
1,2-ジクロロエチレン（地下水のみ）	0.04mg/L以下
1,1,1-トリクロロエタン	1mg/L以下
1,1,2-トリクロロエタン	0.006mg/L以下
トリクロロエチレン	0.01mg/L以下
テトラクロロエチレン	0.01mg/L以下
1,3-ジクロロプロペン	0.002mg/L以下
チウラム	0.006mg/L以下
シマジン	0.003mg/L以下
チオベンカルブ	0.02mg/L以下
ベンゼン	0.01mg/L以下
セレン（Se）	0.01mg/L以下
硝酸性窒素および亜硝酸性窒素	10mg/L以下
フッ素（F）	0.8mg/L以下
ほう素（B）	1mg/L以下
1,4-ジオキサン	0.05mg/L以下

主な生活環境項目（公共用水のみ）

項目	河川	湖沼	海域
BOD（生物化学的酸素要求量）	1～10mg/L以下	—	—
COD（化学的酸素要求量）	—	1～8mg/L以下	2～8mg/L以下
pH（水素イオン濃度）	6.0以上 8.5以下	6.0以上 8.5以下	7.0以上 8.3以下
SS（浮遊物質量）	25～100mg/L以下等	1～15mg/L以下等	—
DO（溶存酸素量）	2～7.5mg/L以上	2～7.5mg/L以上	2～7.5mg/L以上
大腸菌数	20～1,000CFU/100mL以下	20～300CFU/100mL以下	300CFU/100mL以下
n-ヘキサン抽出物質	—	—	検出されないこと
全窒素	—	0.1～1mg/L以下	0.2～1mg/L以下
全りん	—	0.005～0.1mg/L以下	0.02～0.09mg/L以下
全亜鉛	0.03mg/L以下	0.03mg/L以下	0.01～0.02mg/L以下
ノニルフェノール	0.0006～0.002mg/L以下	0.0006～0.002mg/L以下	0.0007～0.001mg/L以下
直鎖アルキルベンゼンスルホン酸およびその塩	0.02～0.05mg/L以下	0.02～0.05mg/L以下	0.006～0.01mg/L以下

左側の「健康項目」には、工場で働く人が生産用に使うと影響が出る物質の基準値を示している。右側の「生活環境項目」のBOD、CODは、「有機汚濁」を示す目印になっている。人の健康にすぐに影響するわけではないが、魚などの生育への影響や悪臭のもとになるなど、生活環境に影響する場合がある。表では水生生物の低層DO（底層溶存酸素量）はのぞいている。

出典／環境省ホームページ「地下水の水質汚濁に係る環境基準について－別表および付表」をもとに作成。

日本の水質汚濁の歴史

日本初の公害をまねいた足尾銅山鉱毒事件

日本で水質汚濁による健康被害が最初に確認されたのは、高度経済成長期（→ 11 ページ）よりだいぶ前の 1890（明治 23）年です。群馬県と栃木県の境にある渡良瀬川で起きた大洪水がきっかけで発生した「足尾銅山鉱毒事件」でした。

江戸時代初期から銅の採掘を行っていた足尾銅山は、明治時代に生産技術の近代化が進んだこともあり、日本最大の銅山になりました。しかし、工場の亜硫酸ガスがふくまれる煙で林野は枯れ、足尾の山ははげ山になりました。雨水を吸収してくれる木々がなくなったために、大洪水が発生しました。さらに渡良瀬川には、銅、鉛、亜鉛、ヒ素、カドミウムなどの有害な金属成分や廃石がたれ流されていました。その影響が 1885 年ごろから出始め、渡良瀬川の流域ではアユが大量死し、川に流された有害物質による被害が、たびたび起きる洪水で拡大します。銅山から排出された鉱毒は、渡良瀬川下流の農民や農作物、家畜、周りの環境に大被害

をあたえました。田畑は数年間収穫がなく、荒れ果てた山林からは土砂が流れ出ました。

農民たちが被害をうったえ続け、いくつか対策が取られましたが、問題は解消されませんでした。根本的な改善策となる「渡良瀬川沿岸※農業水利事業」が実施されるまで、86 年の歳月がかかったのです。そして、1973（昭和 48）年、足尾銅山は閉山されました。

高度経済成長期に拡大した水質汚濁

第二次世界大戦後の日本は、急激な産業復興と経済発展によって工業化と都市化が進みます。しかし、同時に大都市を中心にして、水質汚濁がどんどん拡大していきました。高度経済成長期に入った 1955（昭和 30）年ごろには、大正時代から富山県の神通川流域で発生していたイタイイタイ病や、熊本県八代海沿岸で起きた水俣病、新潟県阿賀野川流域で起きた新潟水俣病が社会問題になります。

また、1958（昭和 33）年、東京江戸川区の本州製紙工場が、江戸川に黒くにごった排水を流して浦安の漁場が汚染され、工場側と漁業関係者が乱闘するという事件が起きました。1958（昭和 33）年、「水質保全法」と「工場排水規制法」の二法（旧水質二法）が定められ

足尾銅山は、栃木県の西部、渡良瀬川の上流に位置する日光市足尾町にある。写真は、煙を出す操業中の足尾銅山。手前には渡良瀬川が流れている。1966年撮影。

写真提供／朝日新聞

※農業水利事業：作物に必要な用水を農地に供給する「かんがい」や、排水などの水を利用した事業。

ましたが、対象地域が限られ、排水基準を守るための規制が十分ではありませんでした。そのため、1970（昭和45）年、全国一律に規制する「水質汚濁防止法」が制定されました（➡26ページ）。

瀬戸内海で赤潮が多発して環境が悪化

1960年代、瀬戸内海周辺地域で人口や産業が集中して水質汚濁が進み、[※1]赤潮の多発で環境が悪化したため、1973（昭和48）年に「瀬戸内海環境保全臨時措置法（のちの「瀬戸内海環境保全特別措置法」）」が制定されました。有機汚濁に対処するため、1979（昭和54）年、[※2]水質総量規制を行い、1984（昭和59）年には「湖沼水質保全特別措置法」（➡28ページ）を定めました。

閉鎖性水域、有害化学物質、富栄養化による汚染

1980年代から1990年代は産業廃棄物の不法投棄による地下水の汚染が問題になりま

1972年の夏、瀬戸内海・家島諸島付近で発生した赤潮のため、600万匹のハマチが死んで、数十億円の被害が出た。写真はイケスの中で白い腹を見せて浮かびあがった養殖のハマチ。　　　　写真提供／朝日新聞

す。そこで廃棄物をへらし、再資源化する条文が「廃棄物処理法」の改正で加えられました。2000（平成12）年には、[※3]3R（リデュース、リユース、リサイクル）を明記した「循環型社会形成推進基本法」がつくられました。

しかし、現在も湖などの閉鎖性水域での水質改善が進んでなく、生活排水による湖や海の富栄養化で水産業や生態系などに影響が出ています。

水質汚濁が社会問題になったころの地方主要河川（川）の汚濁源
出典／昭和47年版『環境白書』をもとに作成。

河川名	都道府県	主な汚濁源
石狩川	北海道	紙・パルプ工場
常呂川	北海道	パルプ、ビート工場
網走川	北海道	ビート、でんぷん工場
北上川	岩手県・宮城県	鉱山
阿武隈川	福島県・宮城県	化学工場、紙・パルプ工場
渡良瀬川	栃木県・群馬県・茨城県・埼玉県	金属鉱山
小矢部川	富山県	化学工場、紙・パルプ工場
大井川	静岡県	紙・パルプ工場
木曽川	長野県・岐阜県・愛知県・三重県	紙・パルプ工場
加古川	兵庫県	染色、パルプ工場
遠賀川	福岡県	鉱山
川内川	熊本県、宮崎県、鹿児島県	でんぷん工場、紙、パルプ工場
五ヶ瀬川	宮崎県・熊本県・大分県	化学工場
関川	新潟県	化学工場

海域の汚濁源
出典／昭和46年版『公害白書』をもとに作成。

海域	都道府県	中心となる汚濁源
四日市・鈴鹿	三重県	重化学（工場）
大竹・岩国	広島県・山口県	紙・パルプ工場
三田尻湾	山口県	醸造工場
水島	岡山県	鉄鋼、化学工場
田子の浦湾	静岡県	紙・パルプ工場
釜石湾	岩手県	鉄鋼、水産加工工場
洞海湾	福岡県	化学、鉄鋼工場
播磨地先	兵庫県	重化学工場
佐伯湾	大分県	パルプ工場
鹿島灘	茨城県	鉄鋼、化学工場
伊予三島・川之江	愛媛県	紙・パルプ工場
児島湾	岡山県	製紙工場
八代地先	熊本県	紙・パルプ工場、醸造工場
松島湾	宮城県	水産加工工場
名古屋湾	愛知県	都市下水、重化学工場
渥美湾	愛知県	食料品工場

当時の河川・海域の主な汚濁源は、紙・パルプ工場などの工業排水。海域では臨海工業地帯の発展や河川から流れる汚濁水などが原因といわれた。

[※1]赤潮：植物プランクトンなどが増えて、海水の色が赤く変わる現象。　[※2]水質総量規制：東京湾、伊勢湾、瀬戸内海に流れこむ、有機汚濁物質量を総合的にへらす制度。　[※3]3R：ごみをへらし（Reduce）、ものをくり返し使い（Reuse）、使い終わったものを再生利用する（Recycle）こと。

水質汚濁がもたらす影響

人への影響

　水質汚濁によって、安全な水が使えなくなれば、人の健康に悪い影響をあたえます。現在、日本のほとんどの地域は、安全な水を飲める環境にあります。しかし、開発途上国の下水道や、浄化施設が整備されていない地域では、人のし尿、動物のふん尿、生活雑排水などが浄化されることなく川に流れこんでいます。人々は、泥や細菌、有害物質がまざった川の水をくみ、飲み水や生活用水にして暮らしています。

　水質汚濁が進むと、汚染された水を使うしかない状況になり、重い感染症を引き起こす原因になりかねません。特に抵抗力のない子どもは、下痢が悪化して命を落とすことさえあります。

　また、ペットボトルなどのプラスチック類が大量に川や海に捨てられることによる汚染も続いています。プラスチックは、軽くてこわれにくく使いやすいため、大量生産が続けられ、20世紀半ばから世界的なごみ問題に発展しています。プラスチックを燃やすと有害なダイオキシンや二酸化炭素が発生し、地球温暖化にもつながります。日本では1990年代以降、焼却炉の性能を高めて有害物質の発生量をおさえ、プラスチックのリサイクルを始めました。

　世界的に見ると、リサイクルやごみ処理のおくれている開発途上国を中心に、海には毎年800万tものプラスチックごみが流出し、生態系に大きな影響をあたえています。海の波や紫外線の影響で5mm以下になった「マイクロプラスチック」（📖『新しい公害と環境問題』21ページ）には、汚染物質などが付着しやすいといわれています。そして、マイクロプラスチックを魚が食べると体内に蓄積され、その魚を食べた人は健康被害に見舞われるおそれがあります。

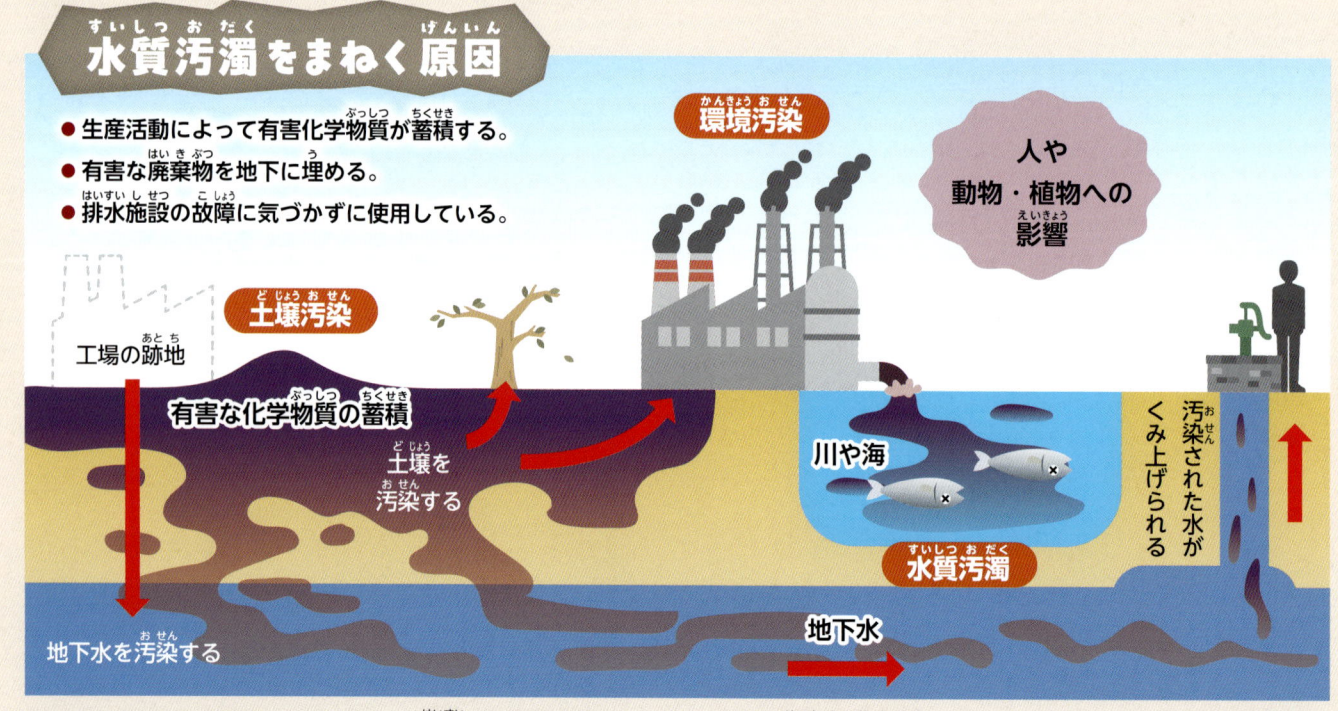

水質汚濁をまねく原因

- 生産活動によって有害化学物質が蓄積する。
- 有害な廃棄物を地下に埋める。
- 排水施設の故障に気づかずに使用している。

環境汚染

人や動物・植物への影響

土壌汚染

工場の跡地

有害な化学物質の蓄積

土壌を汚染する

地下水を汚染する

川や海

水質汚濁

汚染された水がくみ上げられる

地下水

工場の生産活動で使用されたあとの水は排水として川や海などに流されるが、排水処理施設に不具合が起きていたりすると、有害な化学物質が流れ出し、水質汚濁や土壌汚染をまねく。環境が汚染されて、人や動植物に対しても悪い影響をあたえる。

さまざまな発生源から広がる海の汚染

汚染物質は、さまざまなものから排出されている。工場や農場から出る化学物質、家庭から出る排水、船の事故によって流れ出る油、不法投棄されたごみなどから汚染物質が出る。

生活排水

船の事故で油が流れ出る

農薬の散布

ごみの不法投棄

工場などから化学物質が流れ出る

植物プランクトンの異常繁殖

赤潮の発生

第2章

水質汚濁

環境への影響

　地球温暖化も、水質汚濁をまねく原因の一つです。工場や自動車の排出ガスなどによって、大気中にある二酸化炭素やメタンガスなどの温室効果ガスの濃度が上がることで地球温暖化が引き起こされます。

　温室効果ガスは、太陽の光で温められた地球の表面から放射される熱を吸収しています。その熱は、地球の表面に向けてふたたび放射され、地球の表面を温めています。地球の気温は、こうして保たれているのです。ところが、温室効果ガスの濃度が上がると、温室効果が高まって、太陽の熱をより多くためこむことで、地球の平均気温が上昇してしまいます。

　海水は、大気よりも温まりにくいですが、いったん熱を持つと、熱をためこみやすい性質があります。海水の温度が上昇すると、海水が蒸発しやすくなります。多くの海水が蒸発することで、大気中の水蒸気が増えて雨がはげしくふるようになります。台風が増え、風害・水害の被害が大きくなります。また、大気中の水蒸気が

増えれば、さらに温暖化が進むことになります。数十年前と比べて海面水温が非常に高くなる状態が数日間続く「海洋熱波」と呼ばれる現象も、地球温暖化の影響で増加しています。

　また、海水温が上がれば、海の生き物の生息場所や産卵場所なども変わり、生態系に大きな影響をあたえます。地球温暖化による海水温の上昇が原因で、植物プランクトンが異常に増えれば、海中の酸素が大きくへり、水質の悪化を早めるともいわれています。海中の酸素がへると、海には生き物がすめなくなり、魚などの大量死につながります。

　海の環境を悪化させる原因の一つに、ごみの不法投棄があります。特に、自然に分解されないプラスチックごみは、さまざまなことに影響をあたえます。いったん海に流出すると、遠くまで運ばれていき、その間、太陽の光にさらされ、劣化していく過程で、メタンガスなどの温室効果ガスが発生するという研究報告もあります。そうなれば、さらに水質汚濁が進み、大気中にもメタンガスなどの温室効果ガスが増えて、ますます地球温暖化につながるという悪循環をくり返すことになります。

水質汚濁の状況と防止対策

水質汚濁防止法の制定

全国一律で規制する水質規制の成立

　1970（昭和45）年、それまで水質汚濁への対策としていた法律が改正され、水質汚濁防止法が定められました。制定のきっかけは、第二水俣病と呼ばれる「新潟水俣病」が確認されるなど、水質汚濁による公害病が社会問題になったことでした。

　水質汚濁防止法では、排水規制のしくみを全体的に強化して、健康と生活環境に被害をおよぼさないようにすることを目的として、全国一律の基準が定められました。工場や事業場からの排水に関する基準は、右の表のように、大きく3つに分けられます。

　基準が定められると、工場や事業場からの排水に対して、基準以下の濃度で排水することが求められるようになり、それが水質改善に大いに役立ちました。

工場や事業場からの排水に関する基準

基準	内容
①一律排水基準	全国一律の基準。
②上乗せ排水基準	汚染源が集中している地域に設けられている、一律排水基準よりもきびしい基準。
③総量規制基準	濃度規制だけでは環境基準の達成がむずかしい水域（東京湾、伊勢湾、瀬戸内海）で、排水の濃度規制に加えて、汚濁負荷量（汚濁物質の総量）の許容限度の規定が設けられている基準。

水質汚濁防止法にもとづく水質測定

　国や都道府県などは、全国の水質汚濁の状況をつねに監視するため、水質測定計画にしたがって、公共用水域と地下水の測定を行うことが水質汚濁防止法によって定められています。なお、水質測定計画は、都道府県知事によって、毎年作成されています。

　測定内容は、環境基本法をもとに定められた2項目の環境基準で、人の健康保護に関する「健康項目」（27項目。地下水をふくめて29項目）と、生活環境の保全に関する「生活環境項目」（13

汚水基準超え工場停止

名古屋市命令　熊本の会社運営

　「B工場」（名古屋市港区）に対し、名古屋市は16日までに、廃棄物処理法に基づき施設使用停止命令を出した。期間は15日から3月1日。

　市によると、市が1月30日〜2月4日に計7回、食品廃棄物を肥料にリサイクルする工場から名古屋港に出る排水を検査。うち4回でCOD（化学的酸素要求量）が水質汚濁防止法の基準を超えているのが確認されたとしている。

　愛知県警が1月に同法違反容疑で元社長と社員を逮捕、名古屋地検が2月、元社長と同社を起訴した。

　社員は名古屋区検に略式起訴され、名古屋簡裁から罰金50万円の略式命令を受けた。

基準超えの汚水を排出したとして水質汚濁防止法違反罪で元社長が起訴された「K社」（熊本市）の工場「

水質汚濁防止法違反の罰則事例が書かれている記事。K社が基準を超えた産業排水を流したことが確認され、約2週間、施設の使用が停止になった。

出典／2019年2月16日付の日本経済新聞（共同通信配信）

項目）です。

環境省の「令和4年度公共用水域水質測定結果及び地下水質測定結果」によると、「健康項目」（27項目）については、[※1]公共用水域の環境基準達成率は99.1%で、ほぼ全国的に達成しています。しかし、地下水については、硝酸性窒素や亜硝酸性窒素など、一部の項目で基準を超えました。

「生活環境項目」については、下のグラフのように、[※2]有機汚濁を示す指標である[※3]ＢＯＤまたは[※4]ＣＯＤの環境基準達成率は、2022年度は全体で87.8%で、前年度よりもわずかに下がっています。湖沼・内湾・内海などの閉鎖性水域では、湖沼が50.3%で達成率はいぜんとして低い状況です。

また、2013（平成25）年に水質汚濁防止法が改正されたことを受けて、国は、全国の公共用水域と地下水のそれぞれ110の地点で、放射性物質の常時監視を実施しています。観測結果は、有識者から専門的な評価を得たうえで確定値として公表しています。

水道水にまざったPFASの影響

2023（令和5）年、岡山県吉備中央町では、水道水から高濃度のPFASが確認されました（📖『新しい公害と環境問題』20ページ）。PFASとは、人工的につくられた有機フッ素化合物の総称で、フッ素と炭素が結びついた化合物です。熱に強く、水や油をはじき、よごれがつきにくいなどの性質を持つことから、フッ素加工のフライパン、食品の包装紙、防水スプレー、消火器など、さまざまな製品に幅広く使われてきました。

しかし、自然界ではほとんど分解されないため、廃棄されたり、工場の排水からもれたりすると、地下水や川などに流れて長くとどまり、水質汚濁や土壌汚染を引き起こします。水道水にまざると人の体内に入るため、水道水の調査が行われるようになりました。

PFASには、1万種以上の物質がありますが、中でも、特定PFASと呼ばれる、PFOS、PFOA、PFHxSの3つの物質は水にとけやすく、広範囲に広がり、自然界や人の体内で分解されずに蓄積します。水道水などから体内に入ると排出されづらく、健康に悪影響をあたえやすいと指摘され、現在は製造と使用が禁止されています。

公共用水域の環境基準（ＢＯＤまたはＣＯＤ）達成率の推移

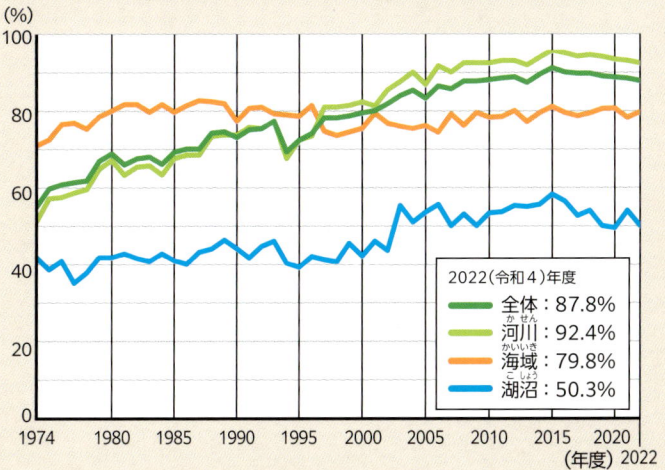

2022（令和4）年度	
全体：87.8%	
河川：92.4%	
海域：79.8%	
湖沼：50.3%	

2022（令和4）年度の環境基準ＢＯＤ（河川）、ＣＯＤ（海域および湖沼）の達成率は、全体で87.8%だった。

広域的な閉鎖性海域の環境基準（ＣＯＤ）達成率の推移

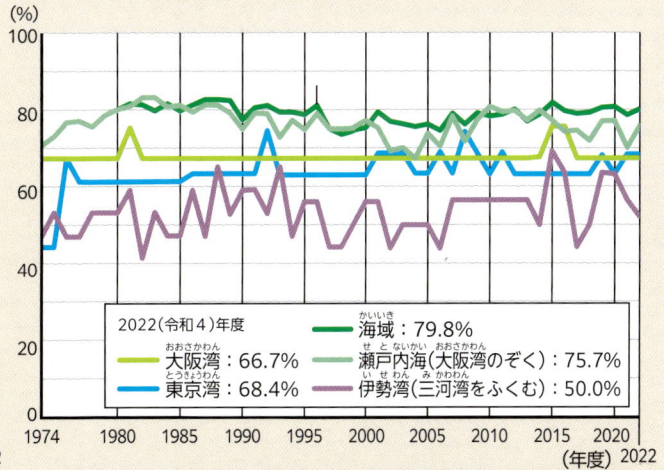

2022（令和4）年度	
海域：79.8%	
大阪湾：66.7%	瀬戸内海（大阪湾のぞく）：75.7%
東京湾：68.4%	伊勢湾（三河湾をふくむ）：50.0%

2022（令和4）年度の閉鎖性海域の環境基準（ＣＯＤ）達成率は、瀬戸内海75.7%、大阪湾66.7%、伊勢湾50.0%、東京湾68.4%。

出典／環境省の令和4年度公共用水域水質測定結果

※1 公共用水域：公共で利用されている、川、湖・沼、海域（区切られた範囲内の海面）。　※2 有機汚濁：水中の有機物（虫の死がいや落ち葉、し尿など）が増えることで起きる水質汚濁。　※3 ＢＯＤ：生物化学的酸素要求量。河川の微生物が有機物を分解するときに消費する酸素量。　※4 ＣＯＤ：化学的酸素要求量。湖沼・海域の有機物を化学的に酸化するときに必要な酸素量。

湖沼水質保全特別措置法の制定

閉鎖性水域の水質を保つための特別な法律

水流がない閉鎖性水域である湖や沼は、海や川とちがって汚濁物質がたまりやすく、いったんたまってしまうと、なかなか元の状態にもどりません。1970（昭和45）年につくられた水質汚濁防止法（➡26ページ）では水質汚濁をふせぐことができませんでした。

そこで、1984（昭和59）年、湖や沼への対策に特化した法律である湖沼水質保全特別措置法が制定され、翌年に施行されました。このとき、特に水質保全の必要な11の湖沼が指定湖沼として指定されています（下の図）。

湖沼水質保全特別措置法の目的は次の通りです。

▶ 湖沼の水質保全を推進するための計画を考えて決める

▶ 水質汚濁の原因となる物質を排出する施設を規制する

（出典／e-GOV法令検索　湖沼水質保全特別措置法をもとに作成）

このように、湖沼水質保全特別措置法は、湖沼の水質を安全に保つために基本的な方針を定めたうえで、湖沼の※集水域で営まれる事業や日常生活に対し、水質汚濁の原因となる汚水などの排出規制を行っています。それは、国民の健康と文化的な生活につながります。

また、湖や沼の水質を安全に保つには、汚濁物質をためないことが大切です。そのための施策としては、十分な汚水処理を行うために必要な下水道や浄化槽などの整備も重要です。

湖沼水質保全特別措置法にもとづく
11指定湖沼位置図

〈2023（令和5）年度現在〉

八郎湖（秋田県）

野尻湖（長野県）

釜房ダム貯水池（宮城県）

手賀沼（千葉県）

霞ヶ浦（茨城県・栃木県・千葉県）

印旛沼（千葉県）

諏訪湖（長野県）

琵琶湖（滋賀県・京都府）

中海（鳥取県・島根県）

宍道湖（島根県）

児島湖（岡山県）

※集水域：雨やとけた雪が地表を流れて集まる範囲。

水質保全の必要な指定湖沼の一つ、琵琶湖。高度経済成長期の人口増加で下水道の整備が整わないまま、産業排水や生活排水が流れこんで富栄養化が進み、1977年には赤潮が発生。現在も水質改善の取り組みが行われている。

法律・条例・底質調査で公共用水域を守る

　汚水を処理する施設がある工場や事業場などが公共用水域に排水する場合、水質汚濁防止法や湖沼水質保全特別措置法、自治体の条例などに定められた排水基準を守る必要があります。下水道に流す場合は、「下水道法」によって下水排除基準が定められています。

　水質を調査する場合、「底質」を採取することが重要になります。底質とは、海、川、湖、沼の水底をつくっている砂や土などのことです。水底は、魚介類などが多く生息する場所ですが、水質汚濁につながる化学物質がたまりやすく、底質から多くの有害物質が水にとけ出しています。

　わたしたちを取り囲む水の環境を考えるうえで、「水循環」はとても大切です。上流から下流へ流れる川の水は、湖、沼、海に流れこみ、その水が太陽の熱で温められて雲になり、雨になります。雨は地球の表面にふり、浄水場などをめぐって家庭などに運ばれます。

　こうした水循環の中で、水は自然浄化されていきます。そのため、汚濁物質がたまりやすい湖沼、内湾、内海などの閉鎖性水域は、海域や河川などの流水域に比べ、環境基準の達成率が低くなりがちです。

　水質汚濁の発生源は、産業、家庭、農畜産、自然の4つに分けられます。原因がどこにあり、底質の中にどれだけ化学物質があるのかを調査して、正確な濃度を知ったうえで、わたしたち一人ひとりが水をよごさないためにできることを実行していく必要があるでしょう。

公共用水域の底質調査。採取した砂や土などの底質を分析して、砂や土などにふくまれる水から酸素量や透明度を調べる。

写真提供／建設環境コンサルタント

土壌汚染とは

土壌汚染とは、有害物質によって土壌が汚染されることです。工場や事業場から有害物質をふくんだ排水が流されたり、有害な廃棄物を土壌にうめたりすることが原因にあげられます。こうした人の活動によって引き起こされる汚染以外にも、自然界にある重金属などが原因で起きる汚染もあります。

土壌汚染の特徴

土壌汚染には、大気汚染や水質汚濁とはちがった特徴があります。土壌汚染について理解するために、まずは主な特徴を紹介します。

①体に感じにくい公害

土壌汚染は、有害物質が地面の下にしみわたって広がる汚染のため、汚染の状態を目で見たり、においで感じたりしにくいという特徴があります。そのため、公害対策も遅れがちになります。

過去には、工場施設のよごれた排水が敷地内の地下へしみこみ、周囲の土壌が有害物質で汚染されたことが問題になったことがありました。

②長い間とどまり、汚染状態が続く

土壌に入りこんだ有害物質は、土を構成している細かいつぶに付着して、長い間、汚染された状態が続くことがあります。水にとけたり、大気に放出されたりした有害物質と比べると、汚染は広範囲に広がりにくいですが、一度土壌が汚染されると、長期間、わたしたちの健康や生活環境に影響をおよぼし続けます。

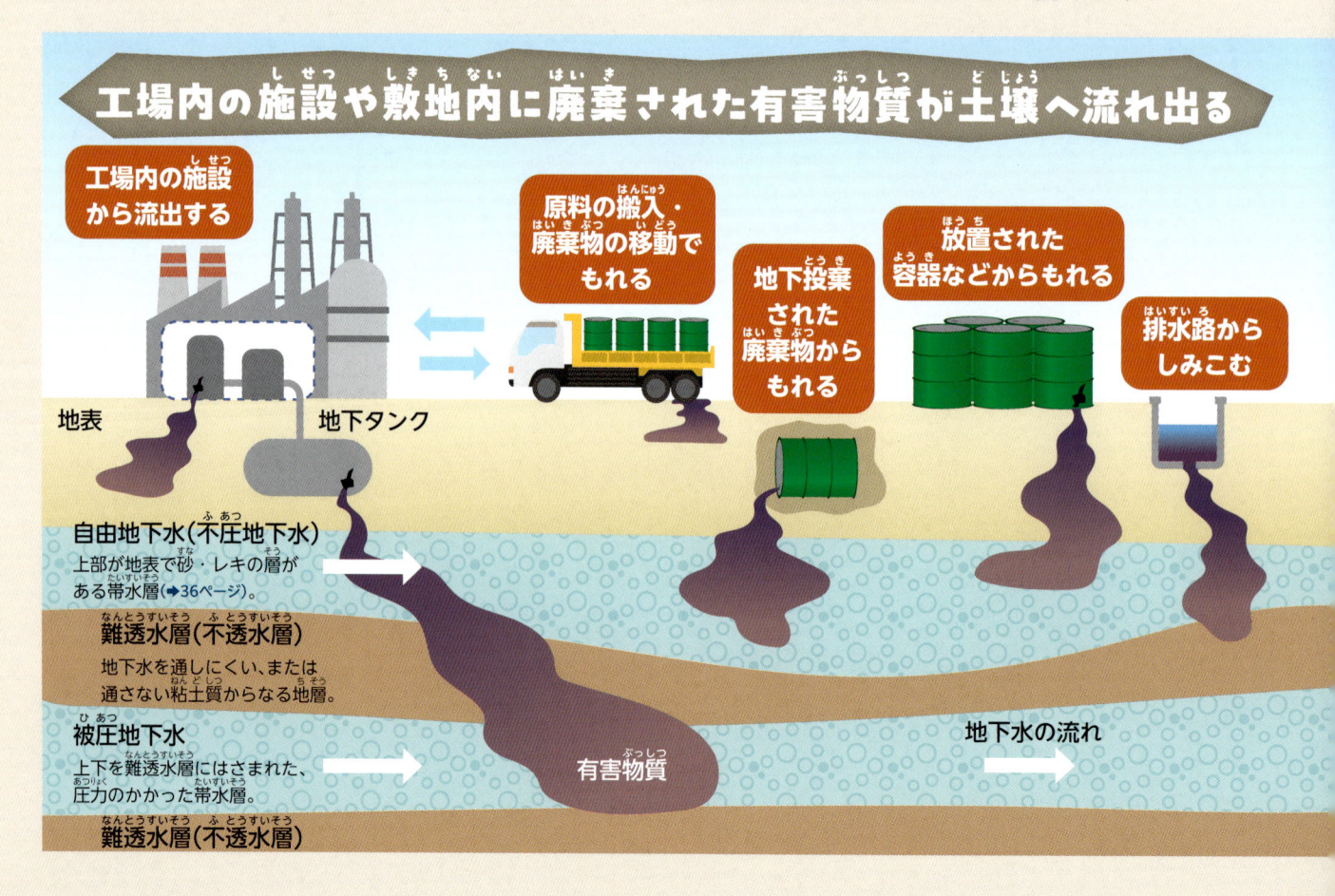

工場内の施設や敷地内に廃棄された有害物質が土壌へ流れ出る

工場内の施設から流出する

原料の搬入・廃棄物の移動でもれる

地下投棄された廃棄物からもれる

放置された容器などからもれる

排水路からしみこむ

地表　　地下タンク

自由地下水（不圧地下水）
上部が地表で砂・レキの層がある帯水層（→36ページ）。

難透水層（不透水層）
地下水を通しにくい、または通さない粘土質からなる地層。

被圧地下水
上下を難透水層にはさまれた、圧力のかかった帯水層。

有害物質

地下水の流れ

難透水層（不透水層）

不法投棄された大量の産業廃棄物

工場などの生産活動で不要になった廃棄物には、適切な処理が必要。専門業者が脱水や焼却をするなど、法律に定められた処分を行わなければならない。法律を無視した廃棄物の不法投棄は、環境破壊につながり、犯罪とみなされる。写真は香川県土庄町豊島での産業廃棄物不法投棄の現場。2013年11月5日撮影。

写真提供／毎日新聞　鈴木理之撮影

③土壌は生き物の共通の財産

　土壌は、地球にすむ生き物の共通の財産です。動植物の命を育み、食料生産の場をあたえてくれます。しかし、土地は個人の財産でもあります。そのことが土壌汚染の対策を進める際の障害になることがあります。

④汚染原因の特定が困難

　土壌に入りこんだ有害物質は蓄積しやすいため、土壌汚染がいつから始まったのか、特定することがむずかしい場合があります。そのため、土壌汚染の原因がどこにあるのか、はっきりと決められないことがあります。

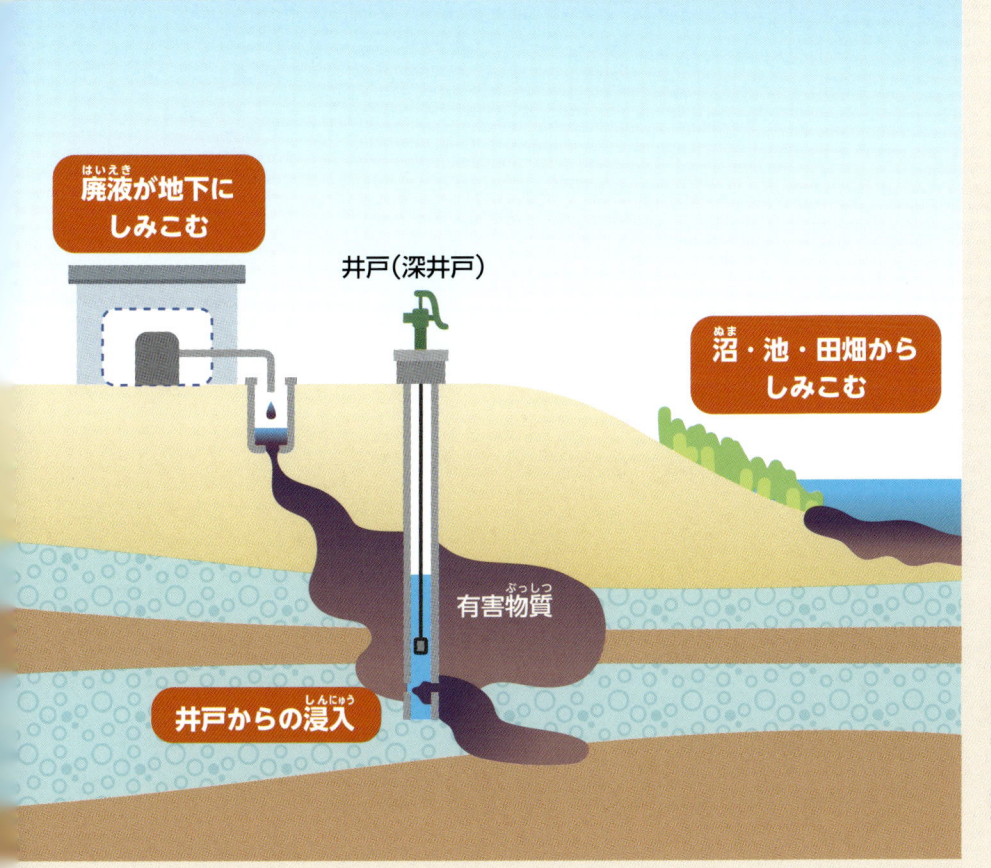

廃液が地下にしみこむ

井戸（深井戸）

沼・池・田畑からしみこむ

有害物質

井戸からの浸入

　土壌汚染は、汚染の原因となる有害物質が土壌に流れ出て地下水にたまって起きる。原因は、工場の排水処理施設が故障したり、捨てる場所に困った産業廃棄物を地下にうめたりするなど、さまざまである。また、排水路や田畑、池、沼から有害物質が地下水に入ってくることもある。

土壌汚染の原因と原因物質

土壌汚染が起きる主な原因は、工場や事業場から出る有害物質です。工場の排水処理施設がこわれるなどの理由で、有害物質をふくむ排水が土の中にしみこむと、土壌が汚染されます。また、有害物質をふくむ廃棄物が正しく処理されずに土の中にうめられると、雨などで有害物質がとけ出して、その土壌に汚染水がたまることになります。

土壌汚染対策法で定められた特定有害物質

2002（平成14）年に制定された、「土壌汚染対策法」（➡40ページ）で、土壌汚染の原因となる有害物質が指定されました。2022年の時点で、26種類の物質が「特定有害物質」（➡33ページ）に指定され、次の3つに分類されています。

第一種特定有害物質：揮発性有機化合物12種類

揮発性有機化合物（VOC）は、蒸発しやすく、大気中で気体になる有機化合物の総称です。水にとけにくく、水よりも重く、土壌で分解されにくい性質を持ちます。プラスチックや染料、接着剤などを製造するときに使われるベンゼンなどがあります。

第二種特定有害物質：重金属など9種類

重金属は、比重が水の4、5倍以上ある金属のことです。毒性が強いものもあり、工場排水にまざると土壌を汚染します。電池に使う水銀、塗装に使う鉛などがあります。

第三種特定有害物質：農薬など5種類

主に農薬、殺虫剤、除草剤、殺菌剤の成分。絶縁体などの製品に使われるポリ塩化ビフェニル（PCB）は、特に長期間土壌に残ってしまいます。

土壌汚染の基準

土壌の汚染状態に関する基準

周囲に汚染された土壌があっても、すぐに健康被害が出ることはありません。土壌汚染による※健康リスク、体に入るまでの経路、特定有害物質の指定基準を知り、危険な場所に近づかないなどの対策を立てることが大事です。

地下水を口にする危険性を考えて、すべての特定有害物質に「土壌溶出量基準」や「地下水基準」が定められています。また、有害物質が口や肌から直接入る危険性を考え、重金属を中心とする9種の有害物質に対しては、「土壌含有量基準」が定められています。

イタイイタイ病が発生した富山県にある、神通川流域の土壌汚染された農地。1967年12月撮影。
四大公害病と呼ばれるイタイイタイ病は、有害物質である重金属のカドミウムによる土壌汚染が原因の一つだった。神通川上流にある神岡鉱山で発生したカドミウムが神通川に流出したことで魚が大量に死に、川を生活用水としていた人々が公害病になった。農用地に川の水を利用していたことで土壌も汚染され、作物を食べた人が病気になっている。

写真提供／毎日新聞

※健康リスク：病気などの問題が発生する度合い。

特定有害物質の種類と指定基準

2022（令和4年）10月末現在

〈表の見方〉
mg/Lは水1Lに対して1mgの物質がとけた量。クロロエチレンの土壌溶出量基準は、1Lに対し0.002mg以下。

分類	特定有害物質の種類	※1 土壌溶出量基準（mg/L）〔地下水を口にする危険性を考えた基準〕	※2 土壌含有量基準（mg/kg）〔口や肌に直接入る危険性を考えた基準〕	地下水基準（mg/L）	※3 第二溶出量基準（mg/L）
第一種特定有害物質（揮発性有機化合物）	クロロエチレン（塩化ビニル）	0.002以下	-	0.002以下	0.02以下
	四塩化炭素	0.002以下	-	0.002以下	0.02以下
	1,2-ジクロロエタン	0.004以下	-	0.004以下	0.04以下
	1,1-ジクロロエチレン	0.1以下	-	0.1以下	1以下
	シス-1,2-ジクロロエチレン	0.04以下	-	0.04以下	0.4以下
	1,3-ジクロロプロペン	0.002以下	-	0.002以下	0.02以下
	ジクロロメタン	0.02以下	-	0.02以下	0.2以下
	テトラクロロエチレン	0.01以下	-	0.01以下	0.1以下
	1,1,1-トリクロロエタン	1以下	-	1以下	3以下
	1,1,2-トリクロロエタン	0.006以下	-	0.006以下	0.06以下
	トリクロロエチレン	0.01以下	-	0.01以下	0.1以下
	ベンゼン	0.01以下	-	0.01以下	0.1以下
第二種特定有害物質（重金属など）	カドミウムおよびその化合物	0.003以下	45以下	0.003以下	0.09以下
	六価クロム化合物	0.05以下	250以下	0.05以下	1.5以下
	シアン化合物	検出されないこと	50以下（遊離シアンとして）	検出されないこと	1.0以下
	水銀およびその化合物	水銀が0.0005以下で、アルキル水銀が検出されないこと	15以下	水銀が0.0005以下で、アルキル水銀が検出されないこと	水銀が0.005以下で、アルキル水銀が検出されないこと
	セレンおよびその化合物	0.01以下	150以下	0.01以下	0.3以下
	鉛およびその化合物	0.01以下	150以下	0.01以下	0.3以下
	ヒ素およびその化合物	0.01以下	150以下	0.01以下	0.3以下
	フッ素およびその化合物	0.8以下	4,000以下	0.8以下	24以下
	ホウ素およびその化合物	1以下	4,000以下	1以下	30以下
第三種特定有害物質（農薬など）	シマジン	0.003以下	-	0.003以下	0.03以下
	チオベンカルブ	0.02以下	-	0.02以下	0.2以下
	チウラム	0.006以下	-	0.006以下	0.06以下
	ポリ塩化ビフェニル（PCB）	検出されないこと	-	検出されないこと	0.003以下
	有機りん化合物	検出されないこと	-	検出されないこと	1以下

※1 土壌溶出量基準：土壌に水を加えた場合にとけ出す特定有害物質の量に関する基準。 ※2 土壌含有量基準：土壌にふくまれる特定有害物質の量に関する基準。 ※3 第二溶出量基準：汚染土壌の封じこめなど、防止対策の工事を選定する際に制限される基準。
出典／環境省 水・大気環境局 水環境課土壌環境室「土壌汚染対策法に基づく調査および措置に関するガイドライン（改訂第3.1版）」令和4年8月

日本の土壌汚染の歴史

日本初の土壌汚染問題、"鉱害"事件

　日本で初めて起きた土壌汚染問題は、鉱山から鉱物をほり出し、※製錬を行うときに発生する「鉱害」だといわれています。日本初の公害事件といわれる足尾銅山鉱毒事件（➡ 22 ページ）が明治時代初期に起き、銅、鉛、亜鉛、ヒ素、カドミウムなどの有害物質がふくまれた工場排水が渡良瀬川に流されました。農地に流れ出た有害物質が、土壌や川を汚染して蓄積し、田畑は何年も使えなくなりました。

各地で深刻化する土壌汚染

　1950 年代～1960 年代、イタイイタイ病や水俣病などの四大公害病（📖『四大公害病』14 ページ）が、次々と社会問題になります。高度経済成長期（1955 年～ 1973 年ごろ）をむかえるなか、産業型の公害が問題になり、土壌汚染も各地で深刻化します。1958（昭和 33）年に「工場排水規制法」が制定され、1970（昭和 45）年には、土壌にしみこんだ特定有害物質によって、人の健康をそこなうおそれのある農畜産物が生産されたり、農作物などの生育がさまたげられたりすることをふせぐために、「農用地土壌汚染防止法」がつくられました。

　さらに、国や地方公共団体が農用地の土壌改良を行うなどの公害防止事業を実施する場合、公害の原因をつくった事業者に対し、費用の全部または一部を請求できる法律「公害防止事業費事業者負担法」が 1970（昭和 45）年に制定され、土壌汚染に対する整備が進められました。しかし、当時は有害物質の知識が不足していて、有害とは知らずに処理を行わず、土壌汚染を引き起こすケースが少なくありませんでした。

工場の跡地から有害物質が見つかる

　昭和 40 年代後半～昭和 50 年代前半、東京都江東区の化学メーカーが、工場の敷地内に埋めた大量の六価クロムの鉱さい（かす）による土壌汚染が、江東区から江戸川区にかけて確認されました。その後、1980（昭和 55）年から約 20 年間も汚染処理工事が行われました。1990（平成 2）年ごろにも広島県福山市の化学薬品メーカーの工場跡地から、重金属やポリ塩化ビフェニル（PCB）などが見つかります。東京都八王子市の農薬工場跡地でも、無機水銀による土壌汚染が判明しました。

　次々と土壌汚染が発覚したことを受け、環境基準などが定められましたが、なかなか改善されませんでした。社会的な関心が高まってきた2002（平成 14）年、「土壌汚染対策法」（➡ 40 ページ）が制定され、翌年から対策が始まりました。

ベンゼンが土壌から検出され、対策が行われた豊洲市場

　現在の豊洲市場の土地は、もともと東京ガスの都市ガス製造工場として使われていました。その工場では、石炭を燃やして都市ガスをつくっていましたが、排出された多くの有害物質が今も残り、2017 年の検査では、環境基準を超えるベンゼンとヒ素が地下水から検出されました。

　東京都は 800 億円以上の予算を使い、土壌汚染対策を行いました。しかし、土壌自体は無害になっておらず、地下には今も汚染状態の土壌が残っています。

2018年10月に開場した、豊洲市場

※製錬：鉱石から必要な金属を取り出すこと。

近年になって見つかり始めた過去の汚染

日本では、高度経済成長期に、さまざまな有害物質が不適切に処理されていました。そのため、各地で土壌が汚染されたまま残っていて、近年、多くの土地で土壌汚染が見つかっています。

現在、豊洲市場のある東京都江東区豊洲も、1956年～1988年までは東京ガスの豊洲工場があり、ベンゼン、シアン化合物、ヒ素、鉛、水銀などの有害物質で土壌と地下水が汚染されていることが確認されています。また、2005（平成17）年の調査では、東京都北区の化学工場跡地につくられた団地、公園、小学校などの敷地内からダイオキシン類が検出され土壌が汚染されていることが明らかになりました。

2009（平成21）年には、愛知県小牧市で地下に廃棄物が捨てられていたために土地が汚染され、建物がふぞろいにしずんだという、周辺の住民からのうったえがありました。

2016（平成28）年には、兵庫県姫路市の工場の跡地から、土壌汚染の基準値を超えるベンゼンとヒ素の有害物質が検出されています。

土壌汚染の最大の問題は、一度汚染されると浄化されずに何十年も有害物質がなくならず残り続けていることです。また、土壌汚染は、有害物質が土に吸収されてしまうのでわかりづらく、外見は変わっていないように見えます。そのため対策が遅れがちになり、気づいたときにはすでに汚染が広がっていることもあります。

土壌汚染対策法が実施されてからは、土壌検査を受けることが義務づけられていますが、それ以前は土壌検査を受けていないことが多く、未確認の汚染がまだあると考えられています。汚染が心配される場所では、土にふれないような対策も必要です。

土壌汚染対策法の対象となった土壌汚染判明事例件数

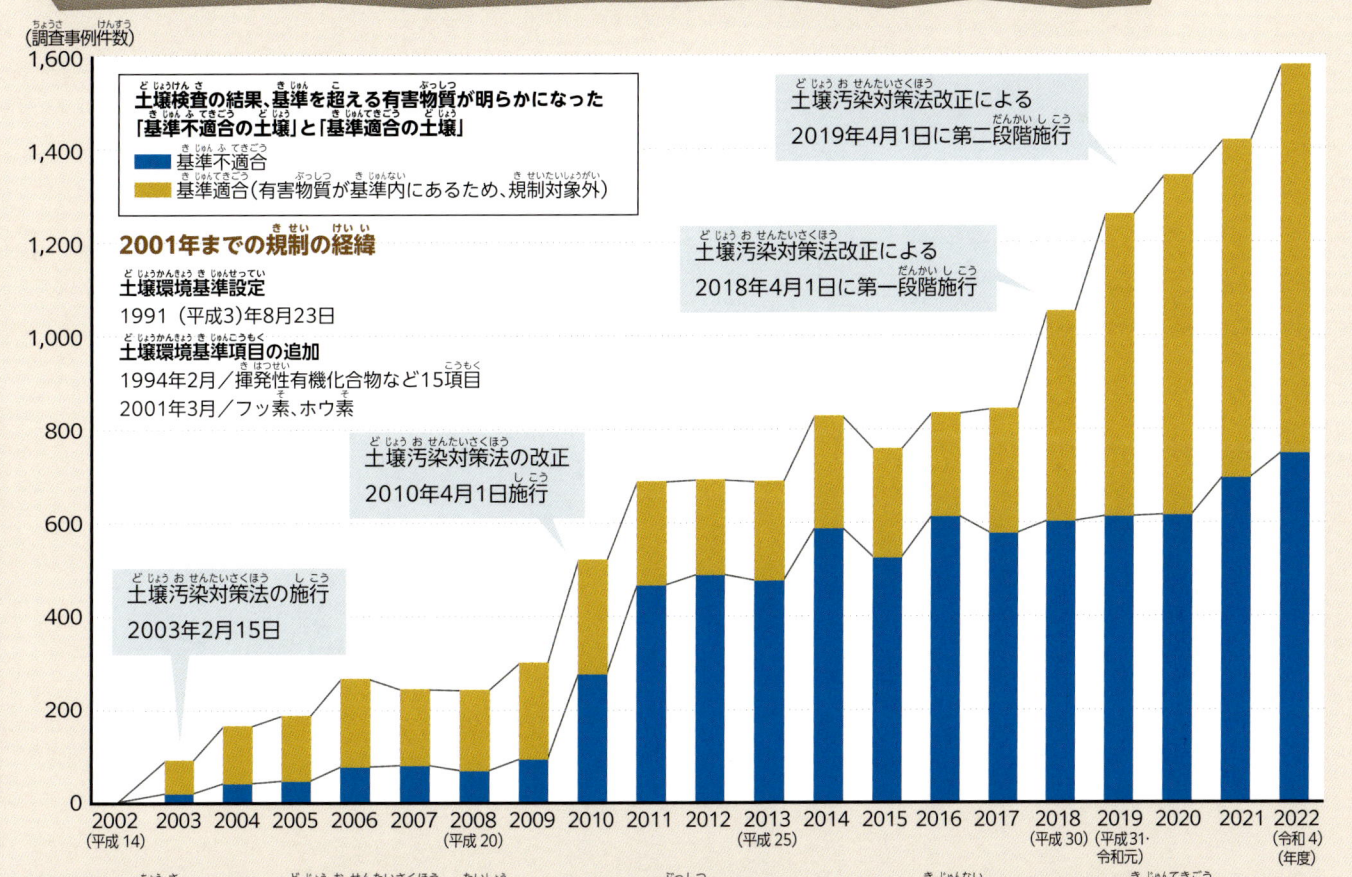

毎年の全国調査の結果で、土壌汚染対策法の対象となる特定有害物質が発見されたものの、基準内にある場合は「基準適合」とされる。「基準不適合」になった場合は、健康を害するおそれがあると判断され、汚染の除去が必要な区域に指定される。除去後、指定ははずされる。

出典／環境省　水・大気環境局「令和4年度土壌汚染対策法の施行状況及び土壌汚染調査・対策事例等に関する調査結果」をもとに作成。

土壌汚染がもたらす影響

地下水の流れに乗って広がる

有害物質が土壌に流れ出たり、廃棄物として土壌にうめられたりすると、地中に少しずつしみこんでいきます。地面の下は、砂やレキなどの土粒子や、地下水、空気で構成されていて、いくつもの地層に分かれています。

土は、つぶの小さいものから、粘土、シルト、砂、レキと呼ばれます。地下水は砂、レキのように粒子のすき間が大きい層に大量にあります。そして、砂やレキは、水を通しやすい「帯水層」をつくり、粘土、シルトはつぶが小さく水を通しにくい「難透水層」（➡ 30 ページ）をつくります。

地下では、この 2 つの層が交互に何層も重なっているのですが、土壌に流れ出た有害物質は「帯水層」に到達すると地下水の水流によって広がり、さらに深い場所まで流れていきます。

環境、人、生活、生態系への影響

汚染が広がっていくと、さまざまな影響が現れます。現在、考えられる影響は、❶環境への

土壌汚染がもたらすさまざまな影響

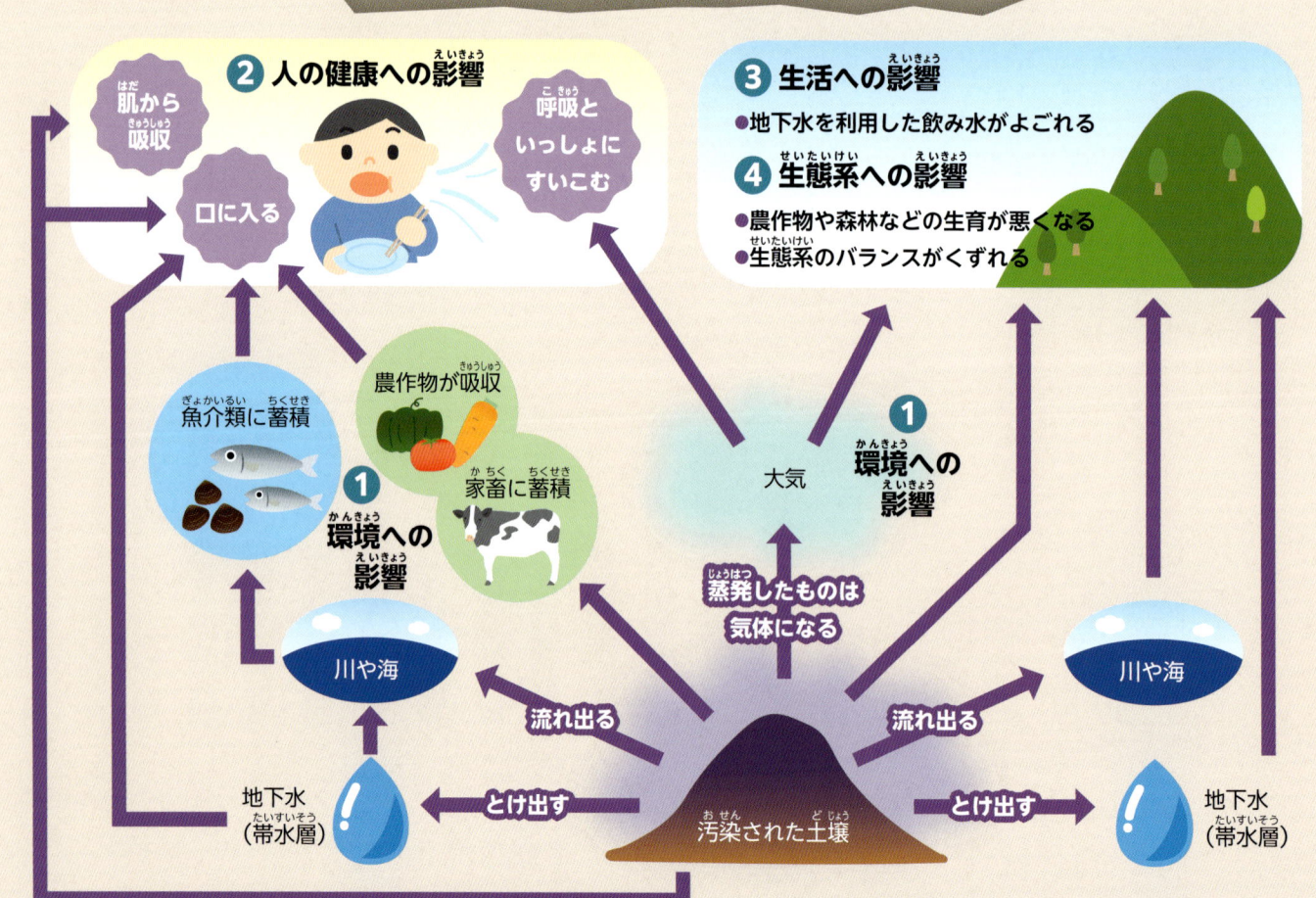

❷ 人の健康への影響
- 肌から吸収
- 口に入る
- 呼吸といっしょにすいこむ

❸ 生活への影響
- 地下水を利用した飲み水がよごれる

❹ 生態系への影響
- 農作物や森林などの生育が悪くなる
- 生態系のバランスがくずれる

魚介類に蓄積
農作物が吸収
家畜に蓄積
❶ 環境への影響

大気
❶ 環境への影響

蒸発したものは気体になる

川や海
流れ出る
とけ出す
汚染された土壌
流れ出る
とけ出す
川や海

地下水（帯水層）
地下水（帯水層）

基準値を超えるベンゼンなどの有害物質が検出された、姫路市白浜町の姫路市中央卸売市場の移転先。市は、すぐに措置が必要ではないと判断して、市場は 2023 年に開場されたが、地下水にベンゼンが残っている。2017 年 2 月21 日撮影。　写真提供／朝日新聞

影響、❷人の健康への影響、❸生活への影響、❹生態系への影響の 4 つです （➡ 36 ページの図）。

土壌汚染が発生すると、大気、川や海、農作物、魚介類、家畜などが汚染され、①**環境への影響**があります。そして、呼吸や飲食などによって有害物質が体内に入れば、②**人の健康への影響**があります。また、土壌汚染が大気、川や海、地下水に広がれば、飲用水や農作物に被害が出るなど、③**生活への影響**があります。さらに、森林などの生育が悪くなれば、食物連鎖はくずれ、④**生態系への影響**が出てきます。

このように、土壌汚染の影響はつながりあい、すべての人や動植物に関係しています。そのため、さまざまな汚染状況について理解を深めていく必要があります。

生き物への影響

環境問題の"今"を考えるとき、土壌汚染はとても大きな意味があります。それは、地球規模での環境問題につながるからです。

たとえば、汚染された土壌に、「揮発性有機化合物（VOC）（➡ 32、33 ページ）」がふくまれていた場合、土壌の表面部分は気体になり、大気汚染、地球環境問題へとつながります。また、地下深くにしみこんだ有害物質が、地下水によって川や海へ流れ出れば、世界中の海に生息する生き物が汚染されます。

汚染された川の水を飲んだ家畜などが病気になったり、病死したりすることもあります。有害物質をふくんだ川の水で育った作物や植物は、生育が悪くなるなどの被害があり、生態系にも悪い影響が現れるといわれています。

世界各地でも土壌汚染が重大な環境問題になっていて、イギリスやオランダでは、日本のように人の健康や生態系を守るための汚染対策が実施されています。大気や水、野生生物にまで広い影響力を持つ土壌汚染の被害を最小限におさえるためには、前もって対策を立て、早めに予防をしていくことが大切です。

人への影響と健康リスク

土壌汚染は、さまざまな経路で人の健康や生活環境に影響をあたえます。たとえば、汚染された土壌で育った農作物を食べると、汚染の原因になった有害物質もいっしょに体に取りこむことになります。

汚染された土壌が、川や海などの水域に流れ出た場合は、ふくまれていた有害物質がプランクトンを汚染し、それを魚などが食べることで、魚の体内に有害物質がたまります。そして、その魚を食べた人の体にも影響をあたえます。

大気中に有害物質が散らばると、人が呼吸するときにすいこんでしまいます。それが体にたまっていくことで、呼吸器系に症状が現れるようになります。

いずれにしても、土壌汚染による被害が広がると、特定の地域の問題ではなくなり、多くの人々を被害に巻きこむ可能性が出てきます。

土壌汚染物質にさらされて健康被害をまねく可能性のあるルートは、次のとおりです（下の図参照）。

▶ 汚染された土が口に入る
▶ 汚染された土を直接さわる
▶ 大気中に散った有害物質をすいこむ
▶ 汚染された土が流れこんだ、川や海、湖沼の魚介類を食べる
▶ 汚染された土壌で育てられた農作物や畜産物を食べる
▶ 汚染された土壌からしみ出した地下水を飲む

このように、土壌汚染によって被害を受ける経路はさまざまで、どれか1つだけ注意すればよいというものではありません。あらゆる環境リスクを正しく理解して、影響のありそうな健康リスクを考え、日ごろから注意深く危険をさける行動を取る必要があります。

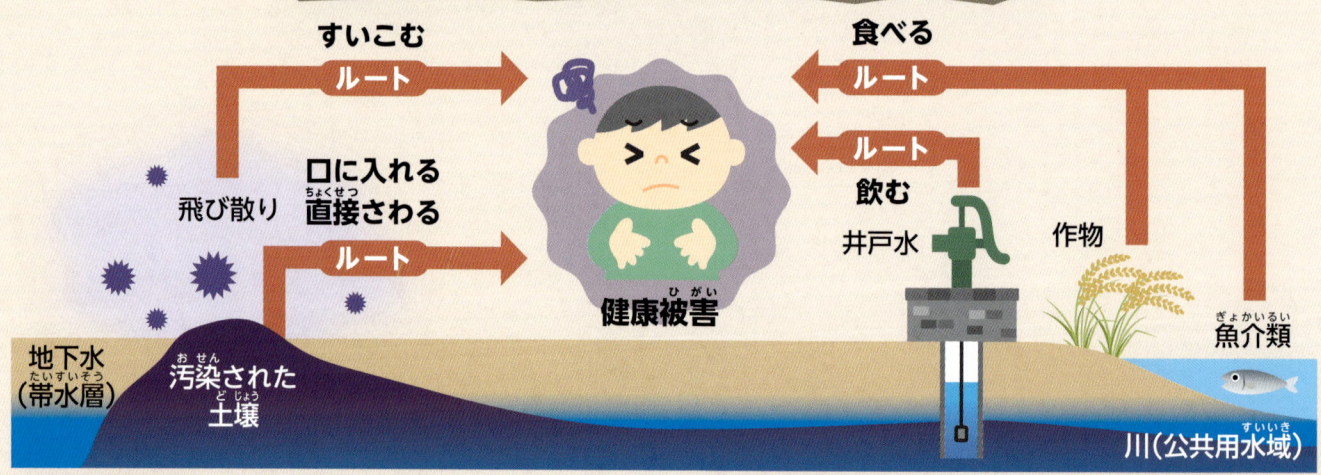

人が土壌汚染物質にさらされるルート

すいこむ　ルート

食べる　ルート

ルート

口に入れる
直接さわる　ルート

飛び散り

飲む

井戸水

作物

健康被害

地下水（帯水層）

汚染された土壌

魚介類

川（公共用水域）

子どもが遊ぶ砂場など。

直接摂取するリスク
汚染土壌を口に入れる、直接さわる。大気中に散った有害物質をすいこむ。

地下水の摂取によるリスク
土壌にふくまれる有害物質がしみ出した地下水を飲む。有害物質を取りこんだ作物や魚介類を食べる。

地下水を飲むための井戸や水道の蛇口がある場所。川や海、湖沼。

土壌汚染の発生経路と人への影響
工場などから土壌へしみこんだ有害物質は、地下水（帯水層）を通って、周囲の土壌を汚染する。川などの公共用水域にも流れ出る。汚染された土壌は、さまざまなルートで、わたしたちに健康被害をおよぼす。汚染された土は肌からも吸収されるので、直接手でふれたりしないなど、十分な注意が必要だ。

土壌に残る農薬の影響

土壌は、食料をつくる場所でもあり、生態系をささえる場所でもあります。そして、地球上の二酸化炭素のバランスを保つ場所としても大切な資源です。しかし、一度土壌が汚染されると、有害物質が長い間とどまるばかりか、植物が土壌の有害物質を吸収して、農作物に悪影響をあたえます。

有害物質の中には、土壌環境に影響をあたえる強い毒性を持つ農薬もあります。1962（昭和37）年、アメリカのレイチェル・カーソンの著書[1]『沈黙の春』が出版されました。その本では、当時使われていた[2] DDTなどの有機塩素系農薬による環境汚染が指摘されます。その後、各国では残留性の高い農薬が規制されました。

日本でも1970年代に使用が禁止され、1992（平成4）年に残留基準の整備が進められます。2002（平成14）年につくられた「土壌汚染対策法」では、特定有害物質に農薬が指定されています（➡ 33ページ）。現在、「[3] 農薬取締法」にしたがって、生き物への農薬の影響を調べていて、農作物、人や家畜、環境に影響力の少ない農薬が使われています。

なお、農作物に散布される農薬は、雨で流されたり蒸発したりしてへっていきます。太陽光や微生物などによって分解もされます。しかし、下の図のように、農薬の一部は土壌に残ります。残った農薬は地下にしみこみ、周りの作物に取りこまれます。地面から川などに流れ出たり、地下水にまざって井戸水として使われたりすることもあります。そのため、農薬をまくときは、それぞれの農薬ごとに定められた使用量や使用方法を守る必要があります。

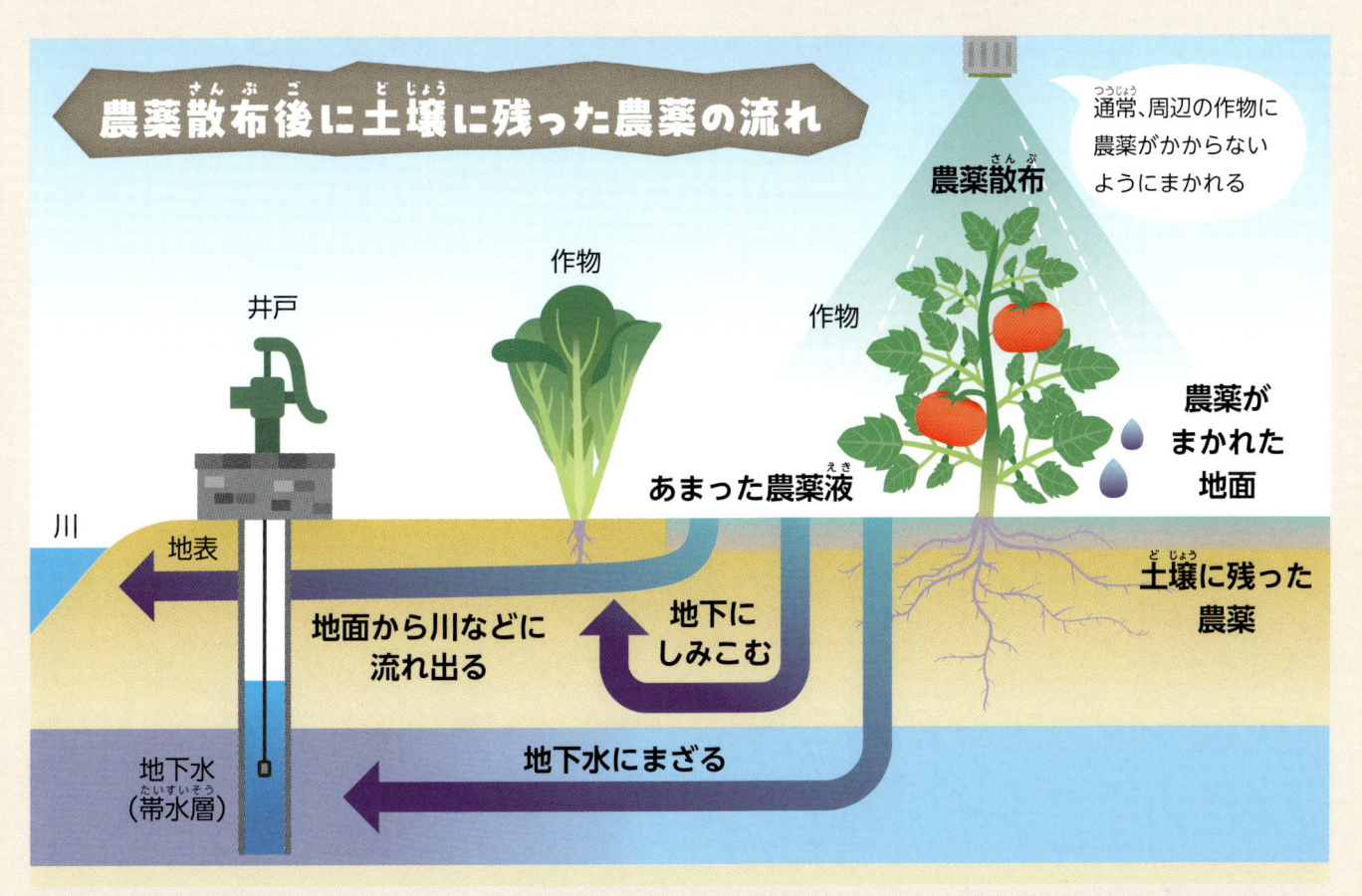

農薬散布後に土壌に残った農薬の流れ

通常、周辺の作物に農薬がかからないようにまかれる

農薬散布

作物

農薬がまかれた地面

作物

あまった農薬液

井戸

川

地表

地面から川などに流れ出る

地下にしみこむ

土壌に残った農薬

地下水にまざる

地下水（帯水層）

農薬をまくときは、使用量や使用法を守ることが大事になる。また、作物に農薬をまいているとき、別の作物に農薬が飛び散るなどして、農薬の使用基準を超えないように、風向きに注意して使用する。

※1 『沈黙の春』：この題名には、化学物質の大量使用を続けると、春が来ても小鳥は鳴かず、世界は沈黙につつまれるだろうという意味がこめられている。
※2 DDT：アメリカで開発された有機塩素系の殺虫剤。　※3 農薬取締法：農業生産と国民の健康を守る目的で1948（昭和23）年に制定される。

土壌汚染の状況と防止対策

土壌汚染対策法の制定

「土壌汚染対策法」は、土壌汚染による人への健康被害をふせぐことを目的とした法律です。2002（平成14）年5月に制定され、翌年の2月15日から実施されました。この法律にしたがって、土地の所有者が土壌汚染の状況を調べ、汚染状況に合わせた措置を行います。

土壌汚染を調査するタイミングは3つあります。1つ目は、土地の所有者が、有害物質を使用した特定施設を廃止したときです。2つ目は、一定以上の規模の土地で盛土や掘削（土砂などを掘り取ること）を行い、土地の形状の変更を

届け出るときに、都道府県知事などが土壌汚染の可能性があると認めたときです。3つ目は、土壌汚染による健康被害の可能性を都道府県知事などが認めるときです。土壌汚染の措置を行う区域が設定されたあと、土地所有者は、汚染された土壌を取りのぞくために必要な対処をします。そして、土壌汚染対策法では、以下の流れにそって対策することを重視しています。

1 **土壌汚染を発見する**
2 **区域などを公に知らせる**
3 **必要に応じて汚染土壌の除去などを行う**
4 **健康被害が起きないように管理を行う**

土壌汚染対策法にもとづき、下の図のような対策が行われています。

土壌汚染の広がりをふせぐための対策工事例

出典／環境省「区域内措置優良化ガイドブック（改訂版）」をもとに作成。

1 遮水工封じこめ（土壌汚染の管理）

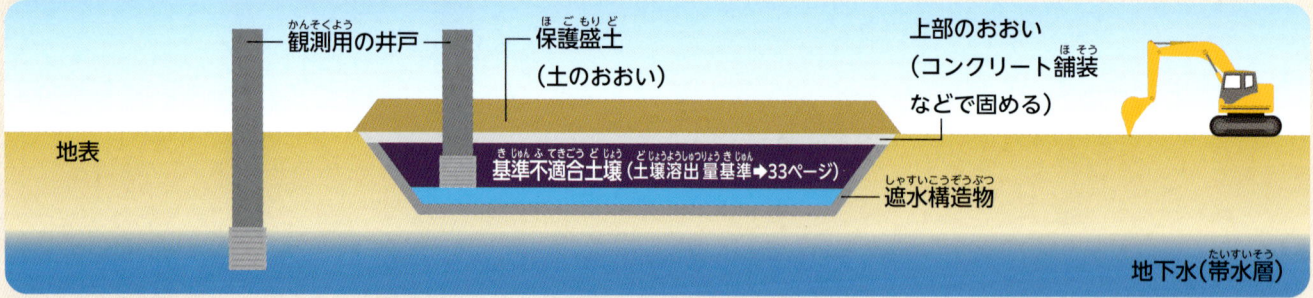

地下水への汚染の広がりをふせぐ工事。指定基準を超えて汚染された「基準不適合土壌」を閉じこめて管理する。まず、汚染された土壌をほり出して「遮水構造物」を設置し、土を埋めもどす。上部を舗装で固め、さらに土と舗装でおおい、汚染土壌の飛び散りをふせぐ。

2 揚水施設（地下水汚染の拡大の防止）

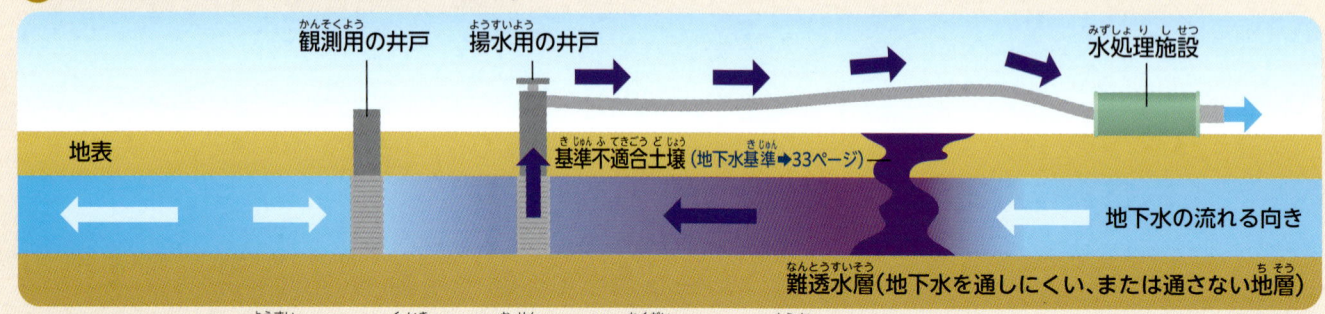

地下水を高所に上げる「揚水」を行い、区域からの汚染地下水の拡大をふせぐ。揚水された地下水は、地下水にとけた特定有害物質とともに処理され、排水できる基準量にして川や海などの公共用水域に排出する。または、地下水の基準量にして下水道に流す。

❶❷のほかにも、基準不適合土壌をそのまま封じこめる方法や、基準不適合土壌に薬剤をまぜて水にとけないようにする方法などもある。

土壌汚染対策法のガイドライン

環境省は、ホームページに「土壌汚染対策法のガイドライン」を発表しています。ガイドラインは現在、4編で構成されていて、土壌汚染対策を行うときの参考手引きがくわしく書かれています。

「第1編：土壌汚染対策法に基づく調査および措置に関するガイドライン」には、土壌汚染対策法の大筋と、土壌汚染の状況調査、汚染を取りのぞくときの措置などについて書かれています。「第2編：汚染土壌の運搬に関するガイドライン」には、汚染した土壌を運ぶときの手引き、「第3編：汚染土壌の処理業に関するガイドライン」には、汚染土壌処理業の実務に関する情報が書かれています。そして、「第4編：指定調査機関に関するガイドライン」には、土地の所有者が、汚染された土壌を調査を

汚染された土壌を取りのぞくために使われる重機。

写真提供／（株）カンサイ

するうえで必要な、信用できる調査機関の情報がのっています。

環境省のホームページには、ほかにも「土壌汚染対策法のしくみ」など、土壌汚染への理解が深められる資料もあります。汚染対策がなされていない場所に近づかないことも、わたしたちにできる大切なことです。

汚染した土壌を取りのぞくための対策工事例

出典／環境省「区域内措置優良化ガイドブック（改訂版）」をもとに作成。

❶洗浄処理（※オンサイト浄化）

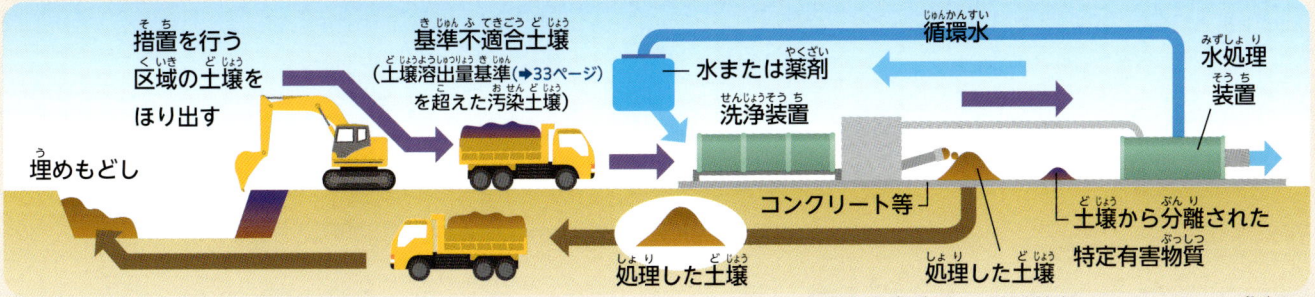

汚染土壌を機械で洗浄し、特定有害物質を取りのぞいたあと、うめもどす工事。「基準不適合土壌」を洗浄装置に入れ、特定有害物質をふくんだ土を分離する。また、洗浄液の中に特定有害物質をとけ出させる。分離した特定有害物質は、濃縮・減量後に処分する。

❷化学処理（オンサイト浄化）

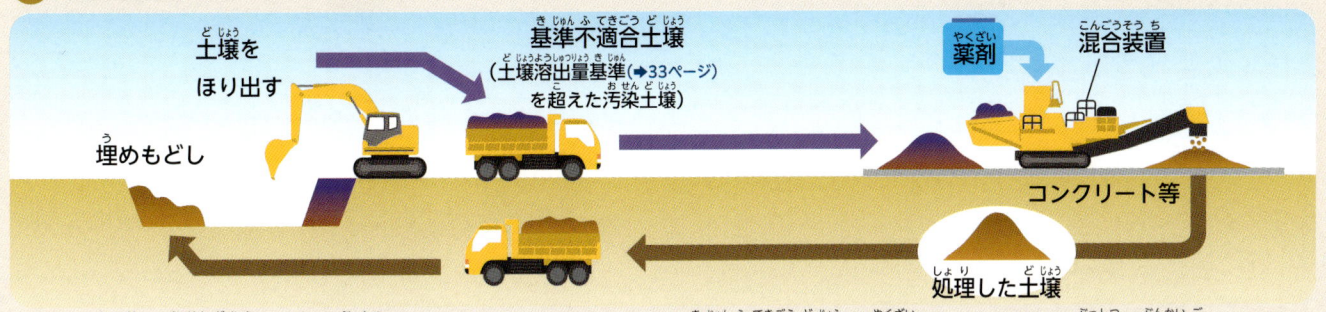

化学的な処理で汚染土壌から有害物質を取りのぞく工事。ほり出した「基準不適合土壌」に薬剤を加え、特定有害物質を分解後にうめもどす。薬剤には、第一種・第三種特定有害物質（➡33ページ）などに使う酸化剤や、第一種特定有害物質に使う鉄粉（還元剤）などがある。

※オンサイト浄化：汚染された土壌を区域内で浄化処理を行うこと。❶❷以外に、加熱や微生物で特定有害物質を分解する方法もある。

大気汚染患者の治療と予防に向けて
―公害健康被害補償制度―

■ 1974年に公害の健康被害者に向けた補償制度が始まる

公害健康被害補償制度は、公害による健康被害を受けた人を保護し、救済することを目的としています。制度の始まりは、「公害健康被害補償法」が制定された 1973（昭和 48）年で、翌年から実施されました。

この法律では、1950 年代から 1970 年代初めに、大気汚染や水質汚濁で健康被害が多発した地域が指定されています。その指定地域に住んでいた人や通勤していた人が、慢性気管支炎や気管支ぜんそくなどの[※1]指定疾病にかかった場合、大気汚染との関係があると知事にみとめられた被害者は、医療費や、病気になったことで失った利益などの補償給付を受けられます。さらに、健康の回復などを目的に指導を行う「公害保健福祉事業」のサービスも利用できます。補償給付については、汚染の発生源になった工場側や事業場側が 8 割を負担し、2 割は自動車の重量税収の一部があてられます。

■ 個人から地域住民が対象の健康被害予防へ

当初、大気汚染との関係があると認められた指定地域は 12 でしたが、1978 年には 41 に増えました。その 10 年後に認定患者数は 10 万人を突破し、年間の補償給付金額は、最高で 1,000 億円を超えました。

年月がたつにつれ、状況も変わり、ぜんそくなどの病気の主な原因とされていた大気汚染が対象からはずれました。1987(昭和 62)年、「公害健康被害補償法」が「公害健康被害の補償等に関する法律」に改定され、1988 年 3 月 1 日に[※2]第一種地域（➡ 43 ページ）の指定が解除されます。同時に「公害健康被害予防事業」が

公害健康被害予防基金のしくみ

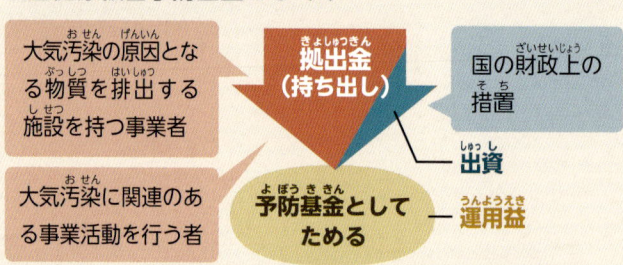

実施され、それまでの個人に対する補償から、地域住民の健康被害への予防に重点を置いた、総合的な環境保健施策が進められるようになりました。

■ 公害健康被害予防事業の取り組み

公害健康被害予防事業は、気管支ぜんそくなどを始めとする、病気の発症予防や健康回復を助ける「環境保健事業」と、大気の環境をよくしていく「環境改善事業」の 2 つがあります。事業費用は、[※3](独)環境再生保全機構に「公害健康被害予防基金」が設けられ、国（環境省）の補助金や、大気汚染に関わる事業活動を行う者などの拠出金を運用することでまかなわれています（上の図）。

事業内容については、(独) 環境再生保全機構が直接行う「直轄事業」と地方公共団体などが行う「助成事業」があります。たとえば、環境保健事業の直轄事業には、大気汚染の健康への影響に関する総合研究や、地域の保健指導者などを対象にした講習会があります。助成事業では、健康相談、健康診査、ぜんそく患者などへの機能訓練などが行われます。

環境改善事業の直轄事業は、地域の大気汚染の調査研究や情報発信、地方公共団体や医療機関の担当者への研修などが実施されています。助成事業では、大気浄化のために行う植栽の整備などが行われています。

※1 指定疾病：慢性気管支炎、気管支ぜんそく、ぜんそく性気管支炎、肺気腫など。 ※2 第一種地域：重大な大気汚染が発生し、その影響で気管支ぜんそくなどの病気が多発している地域。 ※3 (独)：「独立行政法人」の略。

公害健康被害補償制度の指定地域と病名

公害健康被害補償制度とは、「公害健康被害の補償等に関する法律」にもとづいて、公害による健康被害者に対し、医療費などの補償を行う制度。補償は公害の原因になった工場施設などの設置者が行う。

右の地図では、1988年に指定が解除された「旧第一種地域」と、汚染原因物質との関係が明らかな病気が多発している「第二種地域」（5地域）を示している。

第二種地域の健康被害者にも、第一種地域と同じように補償などが行われてきた。

● は「旧第一種地域」の地域名
■ は「第二種地域」と病名

富山県（イタイイタイ病）
新潟県（新潟水俣病）
島根県（慢性ヒ素中毒症）
東京19区
千代田区、中央区、港区、新宿区、文京区、台東区、品川区、大田区、目黒区、渋谷区、豊島区、北区、板橋区、墨田区、江東区、荒川区、足立区、葛飾区、江戸川区
備前市
尼崎市
神戸市
北九州市
千葉市
大牟田市
富士市
横浜市・川崎市
名古屋市・東海市
四日市市楠町
倉敷市・玉野市
大阪市・豊中市・吹田市・堺市・守口市・東大阪市・八尾市
熊本県・鹿児島県（水俣病）
宮崎県（慢性ヒ素中毒症）

■ 公害健康被害者とその遺族への補償

1974（昭和49）年に始まった「公害健康被害補償法」では、上の地図のとおり、第一種地域（現在は旧第一種地域）と、汚染原因物質との関係が明らかな病気が多発している第二種地域が補償給付の対象になっていました。

1988（昭和63）年3月1日、第一種地域の指定解除が行われたことで、新たな患者の認定は行われなくなりましたが、指定が解除される前に、公害健康被害者に認められた人や、その遺族などは、それまでどおり認定の更新ができて、補償給付（診察や治療、障害補償、入院・通院手当、患者が死亡した場合の遺族補償金、葬祭費など）が受け取れます。

■ 公害保健福祉事業の始まり

公害保健福祉事業は、公害健康被害者が健康を回復し、健康を保てるように、1974（昭和49）年から実施されている都道府県の事業で、条件が合う人は指導を受けられます。

事業の内容

1 リハビリテーション事業
基礎的な体力をアップさせて、指定疾病に関する知識の普及や病気を治すための指導などを行う。

2 転地療養事業
空気がきれいな場所で療養生活をさせる。

3 療養用具支給事業
療養に必要な空気清浄機などの支給を行う。

4 家庭療養指導事業
被認定者を訪問し、日常生活や保健指導を行う。

5 インフルエンザ予防接種費用助成事業
高齢の認定者へのインフルエンザ予防接種に対して、一部助成を行う。

このほか、2008年度からは環境省による「自立支援型公害健康被害予防事業補助金」も実施されています。

京浜工業地帯の大気汚染対策に取り組む川崎市
—ぜんそく患者らを支援する—

神奈川県の北東部に位置する川崎市では、江戸時代中期、湾岸部の新田開発が進められていました。しかし、1910（明治43）年ころから工業化が始まり、臨海部につくられた京浜工業地帯には多くの工場が建ち並びます。1935（昭和10）年以降は、内陸部に鉄鋼、電機、石油、石油化学、輸送機などの代表的な企業が集まり、1960年代には石油化学コンビナートが次々に完成します。川崎市は京浜工業地帯の中核として、日本の高度経済成長期をささえました。

■ 17年間におよぶ川崎公害裁判の始まり

川崎市が工業都市として急速に発展する中、環境悪化が深刻になっていきます。1955（昭和30）年、大師地区でばい煙や有毒ガスによる健康被害が発生し、1962（昭和37）年には、横浜市における3倍の量の降下ばいじん（→7ページ）を記録しました。1971（昭和46）年には、市内初の光化学スモッグ注意報が発令され、公害病認定患者が増え続けました。当時、川崎市は独自に発生源への対策や患者の救済を行っていましたが、1978（昭和53）年、国は二酸化窒素の環境基準をゆるくし、新たな健康被害者を認めないとする動きを見せました。そこで1982（昭和57）年、患者たちが加害企業14

川崎市の1960年代の空と現在の空を比べると…

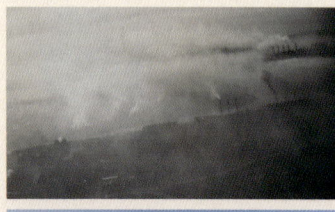

1964年1月21日の川崎の空。工業地帯から立ちのぼる煙で、街がほぼ見えない。
写真提供／川崎市

川崎港の航空写真。遠くに富士山が見える、美しい空を取りもどした。
写真提供／「かわさき魅力ギャラリー」より。CCBY4.0by 川崎市

京浜工業地帯

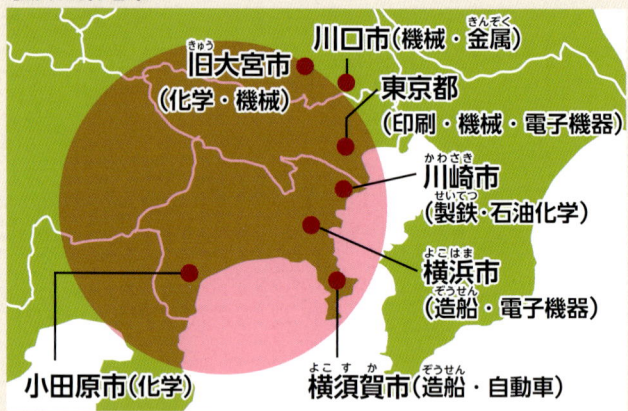

旧大宮市（化学・機械）
川口市（機械・金属）
東京都（印刷・機械・電子機器）
川崎市（製鉄・石油化学）
横浜市（造船・電子機器）
小田原市（化学）
横須賀市（造船・自動車）

川崎市は、東京から横浜を結ぶ京浜工業地帯の真ん中に位置する。京浜工業地帯は、1960年代当時、東京湾沿いを中心に、埼玉県の川口市、旧大宮市付近にまで広がっていた。

社と国、首都高速道路公団を被告として「川崎公害裁判」を起こします。うったえた内容は、二酸化硫黄、二酸化窒素、浮遊粒子状物質の環境基準（→17ページ）を達成することと、大気汚染物質の排出の差し止め、公害病患者や死亡者の家族への損害金の支払い請求です。

■ 公害被害者の救済・公害の根絶・環境再生まちづくりを目指して

1996（平成8）年、川崎公害裁判は、1次から4次までのすべての訴訟で原告側の主張が認められ、発生源である加害企業との間で原告勝利の和解が成立しました。1999（平成11）年には、移動発生源の自動車に大量走行をゆるしたとして、国・首都高速道路公団との間でも、将来に向けて公害対策を約束させた和解が成立しました。

川崎公害裁判で勝利和解した原告団、弁護団、支援団体は、その後も解散をしていません。三者の団結を基礎に、和解条項の実現を目指し、現在も活動を続けています。その活動の基本として、「公害被害者の救済」「公害の根絶」「環境再生まちづくり」の三本柱がかかげられています。

年	主な事項
1960年	川崎市公害防止条例（旧条例）の公布、施行。
1964年	二酸化硫黄濃度自動測定装置による測定を開始。
1968年	大気汚染集中監視装置での二酸化硫黄等の常時監視体制の確立。
1969年	「大気汚染による健康被害の救済措置に関する規則」を制定・施行し、被害者の救済を開始。
1970年	市内37社（39工場）と「大気汚染防止に関する協定」を締結し、発生源対策を強化。
1972年	「川崎市公害防止条例」を公布し、総量規制を導入。川崎市公害監視センターの完成。「発生源亜硫酸ガス自動監視装置」の完成（市内大手42工場）。公害監視会議の設置。
1976年	「川崎市環境影響評価に関する条例」を公布し、環境悪化を未然に防止する仕組みを導入。
1978年	「発生源窒素酸化物自動監視装置」の完成（市内大手32工場）。
1979年	測定開始以来初めて市全域で二酸化硫黄濃度の環境基準を達成。
1991年	川崎市環境基本条例の制定・公布。
1999年	「川崎市公害防止等生活環境の保全に関する条例」の制定・公布。
2004年	測定開始以来初めて市全域で浮遊粒子状物質（SPM）の環境基準を達成。
2010年	エコ運搬制度を開始。
2013年	測定開始以来初めて市全域で二酸化窒素の環境基準を達成。
2016年	測定開始以来初めて市全域で微小粒子状物質（PM2.5）の環境基準を達成。

二酸化硫黄（SO_2）の年平均値の推移

（凡例）一般局平均（ppm）

市全域で基準値を達成した1979年以降、年の平均値は下がり続けている。
出典／川崎市ホームページ内の資料をもとに作成。

■ 川崎公害病患者と家族の会の活動

　長い歴史を持つ、川崎市の「川崎公害病患者と家族の会（患者会）」は、ぜんそく患者とその家族で運営されています。患者会では、患者が安心して病気を治せるように、国や川崎市に対して、次のような補償や、救済制度の拡大、充実を求めています。

● 国に対して求めること

　新たな公害被害者の救済制度。

● 川崎市に対して求めること

　条例の改正。医療費の無料化と、対象疾病の拡大（慢性気管支炎、肺気腫なども加える）。

● 国と市に対する提案

　公害病患者や市民が安心して住み続けられる街をつくるための「まちづくり提案」（実績としては、JR川崎駅東口の地上横断、市役所通りの歩道改善と駐輪場の設置、国道線の緑化など）。

■ 市の公害の歴史を後世に伝える取り組み

　川崎市が経験した、公害の歴史や記憶を忘れ

川崎市環境総合研究所　　写真提供／川崎市

1階のアーカイブスペースでは、公害に関する川崎の歴史映像やタッチパネルで環境技術情報を紹介。また、科学的予見性にもとづく多様な環境問題を広く総合的に研究している。

ることなく後世に引きつぐため、川崎市の環境総合研究所にアーカイブスペースを設置したり、イベントなどで公害の歴史に関する資料を展示したりして、環境を守ること、環境問題に取り組むことの大切さを伝えています。また、環境について学べる体験型環境学習施設などを設けて、市民をはじめ、国内外に向けて環境に関する情報を広く発信しています。

さくいん

「四大公害病と環境問題」全4巻

A4変型判　各巻48ページ　C8336　NDC519

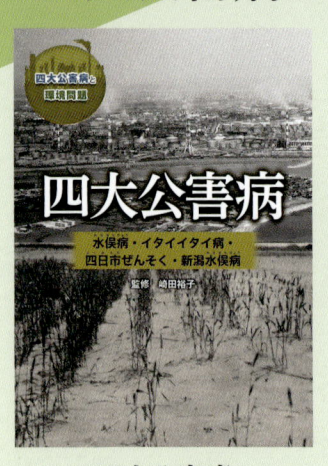

四大公害病
水俣病・イタイイタイ病・
四日市ぜんそく・新潟水俣病

健康被害を引き起こす公害
大気汚染・水質汚濁・土壌汚染

生活環境をそこなう公害
騒音・振動・地盤沈下・悪臭

新しい公害と環境問題
交通公害・日照不足・有害物質 ほか

■ 監修 崎田裕子

ジャーナリスト・環境省登録の環境カウンセラー。1974年、立教大学社会学部卒業。(株)集英社で11年間雑誌編集の後、フリージャーナリストに。生活者・地域の視点から環境問題に関心を持ち、近年は「持続可能な社会」を中心テーマに、気候変動対策や循環型社会づくりに取り組んでいる。「全国おいしい食べきり運動ネットワーク協議会」会長、早稲田大学招聘研究員。「中央環境審議会」「総合資源エネルギー調査会」等委員として、政策検討にも参加してきた。NPO法人新宿環境活動ネット代表理事として、環境学習を推進。NPO法人持続可能な社会をつくる元気ネット前理事長。

四大公害病と環境問題

健康被害を引き起こす公害
大気汚染・水質汚濁・土壌汚染

初版発行／2025年3月

監　修	崎田裕子
発行所	株式会社 金の星社
	〒111-0056 東京都台東区小島1-4-3
	TEL 03-3861-1861(代表)
	FAX 03-3861-1507
	振替 00100-0-64678
	ホームページ https://www.kinnohoshi.co.jp
印　刷	広研印刷株式会社
製　本	株式会社難波製本

■48ページ　29.3cm　NDC519　ISBN978-4-323-06782-7

■写真提供・協力(順不同)

朝日新聞社　毎日新聞社　共同通信　日本経済新聞　川崎市　住友史料館　四日市公害と環境未来館　建設環境コンサルタント(株式会社コンステックホールディングス)　株式会社カンサイ　フォトライブラリー
なお、写真や資料などご協力いただきました団体や組合などの名称は、各掲載ページに記載させていただいています。

● 編集	株式会社 アルバ
● 編集協力・執筆協力・校正	望月裕美子 斉藤道子(OFFICE BLEU) 砂野加代子
● イラスト作成	門司恵美子 能勢明日香(チャダル108)
● デザイン・DTP	門司美恵子 能勢明日香(チャダル108)

 ESTABLISHED IN 1919 金の星社　100年の歩み

金の星社は1919(大正8)年、童謡童話雑誌『金の船』(のち『金の星』に改題)創刊をもって創業した最も長い歴史を持つ子どもの本の専門出版社です。

よりよい本づくりをめざして

お客様のご意見・ご感想をうかがいたく、読者アンケートにご協力ください。ご希望の方にはバースデーカードをお届けいたします。アンケートご入力画面はこちら！
https://www.kinnohoshi.co.jp